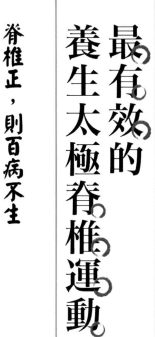

脊椎正，則百病不生

最有效的
養生太極脊椎運動

大易拳

Day Easy Exercise

吳亨邑 著

書泉出版社 印行

令人震撼的大易拳養生太極脊椎運動

我們從小看武俠小說、功夫電影，總會欽佩那些武林高手能飛簷走壁、內力非凡，甚至刀槍不入，各種輕功、氣功、拳法、刀劍⋯⋯神乎其技，令人百看不厭、愛不釋手，甚至徹夜未眠沉溺其中。

回到現實世界，其實也有許多功夫愛好者。在台灣或華人所在之處，常常可以見到修習氣功或太極拳的各行各業人士，但是能每天花上數小時練習，又持之以恆的終屬少數。一般人很難這樣全力以赴，多數人偏向把練功當作運動養生來看待，特別是現代人生活忙碌、講求速食，是不是有什麼方法不用花上數十年的練功，只要利用每天的空檔時間練習，就能領略各家功夫的精髓呢？這一直是普羅大眾既期盼卻又遍尋不著的！

吳亭邑老師所研創的「大易拳養生太極脊椎運動」讓我們有了新的契機，他將功法彙整成套，簡單易學，每天只要十幾分鐘的練習，就能輕鬆見效，此

功法已獲得臺大醫院新竹分院醫護人員的親身實證。醫護人員們在繁忙的工作中，每天抽空 20 分鐘練習大易拳，3 個月後發現體內血液中有助於細胞再生、達到延年益壽效果的 CD34+ 幹細胞濃度竟然平均提升了兩倍以上，而且免疫細胞也顯著提升，活動力量表與生活品質量表的分析數據也都有顯著效益。這樣的科學數據，著實令人震撼且興奮！

個人有緣學習大易拳養生太極脊椎運動，從基礎的「一招四式」5 個動作一式開始練習，到

「一招二式」的 10 個動作一式，再到「一招一式」的 20 個動作一式。經過 4 個月的時間，每天不到半小時的練習，我的身體居然有了明顯的變化！同學們都見證我的白髮變黑的現象，尤其是微駝了多年的背脊也越發挺拔。在學習的過程中，幾乎每一位學習者在上完第一堂課後，身體前彎手摸地時，就能明顯地往下多了 20 公分，這對許多人來說幾乎是不可能的。更有甚者，有些同學經過短短幾個月的練習，身體後彎時雙手也能摸到地了！當然我也不例外，經過了練習，前彎時我從摸不到地，到能手掌著地。

學習至今最令我記憶深刻的是，有回在家練習完「一招二式」收功時，突然有一股非常非常大的力量往頭頂上衝，這是我從來沒有過的經驗。基本上，「一招二式」主要是在打通任督二脈，這也可能是任督二脈氣通了，所以才有這麼強的氣場。最後的「一招一式」則是在打通十二經脈，我在練習後收功下蹲時，常能感覺到整個氣在下面游走，好像發生地震一樣。

基於成效顯著，我急於閱讀吳老師的著作。不可思議的是，書中內容和上課內容幾乎無異。模式、角度、收功，完全沒有藏私，這好像違反了功夫傳承總要留一手的定律。吳老師的理念是教學可以相長，隨著教學越多，他的功法也不斷精進。

本書是吳老師經過幾十年的勤學，融會貫通後所獨門研創的精華。建議大家站在巨人的肩膀上，多多練習大易拳。假以時日，無論是養生健身或是一窺氣功之奧妙，都會讓您有驚喜的收穫。

林晉豐

臺灣大學電機博士

臺北海洋科技大學第六任校長

增強體力，提升免疫力，
改變體質的大易拳

一日從開刀房走出來，看到吳老師正在指導同仁們大易拳，我的直覺告訴我值得參加，隨即報名，即使無法全程參加實體課程，至少能擁有錄影帶，反覆觀看而分段學習，這也開啓了我訓練脊椎骨並養成夾臀提肛縮小腹的基本動作。

感謝吳老師很大器的寄給我錄影帶，這一年來，我每天練習，由最初的一招四式、進而一招二式，到現在的一招一式。每天早上起來，一杯溫開水下肚後，就開始我的練習，只是 10 分鐘左右的練習，我已感受到汗的生成，一節節的脊椎無論是身體往下俯或往後仰或左右轉 45 度、90 度，慢慢的拉張後，已更具柔軟度。過往我認爲將手腕觸摸到地板是不可能的任務，而今，對我而言是易如反掌。

這件事情也打破了過往我的錯誤觀念，以爲自己骨頭僵硬，原來柔軟度是可以訓練出來的，即使每天的練習，一招一式的往後連續後仰動作，我的下肢仍會痠忙抖動，但我相信假以時日不斷的練習，期待可以輕鬆完成整個動作，這些將是毅力與肌力結合的結果。

每天重心往左往右移及腳跟提起，可以訓練下肢的肌力，曾偕同友人爬山，他們都不相信我有這麼好的腿力與心肺功能。過去不太流汗的我，現在運動已能出汗，而早上的鼻塞也消失於大易拳中。更重要的是我已不是過往的感冒追隨者，當全科同仁戴口罩、咳嗽時，我仍安然無恙，每天照樣忙碌的工作，原來大易拳已改變了我的體質，無論是體力或免疫力。每天清晨練拳的氛

圍也沉澱我的心境，而身體往下俯到極限、拉開小腿、後腰、腹部、胯，或是氣衝到頭頂，或是吸到不能再吸，這些動作的極致，我也盡力而為，相信大易拳的錄影會伴隨在我未來的每一日清晨。

對於吳老師，我謹獻上最大的敬意與謝意。

柯美蘭

臺灣大學醫學博士

臺大醫院新竹分院眼科主任醫師

行到水窮無路處，
柳暗花明又一村的奇蹟

很多人愛閱讀武俠小說及觀賞功夫電影，除享受劇情的高潮起伏，更嚮往能如劇情主角般，以生龍活虎之妙招絕式來行俠仗義或強身養生，為真、善、美的社會盡一份心力。

在快速拜讀好友吳兄亭邑大作：《大易拳：養生太極脊椎運動》後，收穫良多。感佩亭邑兄的堅持理想、勇敢逐夢，將感動化為行動。特別值得一提的是，其大易拳的研發更是在其車禍後，身心俱疲、人生低潮後的產物。此種「行到水窮無路處，柳暗花明又一村」的奇蹟，除了可以激勵所有人外，更令人想到聖經說的「天無絕人之路」，上帝、佛菩薩恩典總是令人感動及感恩。

能有此一套簡易又實用的方法，相信對於想要擁有一身好功夫底子、保健及養生的朋友們是一大福音。功夫門外漢的我，因行程忙碌，尚未加入練大易拳之行列，但「書中自有黃金屋，書中自有顏如玉」，在閱讀大作中，已充分享受本書中所蘊藏的知性、理性及感性的身、心、靈三大核心。本書中從「知識」開始，將大易拳之研創過程、應用原理、基本經絡學、生理學、解剖學與應用醫學成功的由淺入深說明。更令人印象深刻的是，其更進一步結合了「智慧」（大易拳的臨床血液、細胞的研究實驗及一些實際練拳的例子）、「健康」（大易拳健康養生十法 & 養生食療）及「愛心」（大易拳與素食、環保與尊重生命的關聯）。相信各位讀者一定能夠入寶山而收穫滿滿。

最後也祈祝各位讀者在上帝、佛菩薩圓滿恩典下，閱讀中順遂幸福，身心靈耀昇。

羅時鴻

英國牛津大學醫學博士

國防醫學院藥理學科暨藥理學研究所所長

推薦序
脊椎正，則百病不生

生命歷程中，一直感恩於人生的因緣，人生許多奇妙的際遇。十餘年前自美返台服務，工作之餘，因爲推廣蔬食環保及生命教育的志工服務，因緣際會下結識了「酵素阿嬤」林格帆女士及吳亭邑老師。吳老師認眞習武數十年，太極拳、國術、氣功的造詣都很深。更難得的是，吳老師雖爲武林高手，卻非常的謙恭有愛心，不僅終身持純素，愛護地球上的有情衆生，並和林女士攜手推廣酵素養生，造福社會大衆的健康。其習武、培德、護生的生命歷程，實乃眞正所謂術德兼修的「練氣士」。

近年來，他更將畢生練功心得，巧妙的濃縮成淺顯易懂又易學的「大易拳養生太極脊椎運動」，除了酵素食療之外，並提供大衆一個可以簡便力行的強身之道。如吳老師所述，大易拳是應用太極拳、瑜伽、氣功、極限拉筋、先天勁與靜坐等六項原理，融會貫通而成。大易拳法由基礎的一招四式，到進階

的一招二式，以致於高階的一招一式，每一階段皆爲10 分鐘內可練完一套的健身功法。本人有幸自去年秋天起，以每週一堂課的進度（有時因公忙也會落掉幾課堂），循序參加了吳老師的 3 階段課程，以 3 個月左右的時間，完成了基礎至高階的所有課程，成爲早期順利結業的學員。在課程中，吳老師爲了避免用深奧的術語，常用白話告訴學員，大易拳實爲一套藉由極限拉筋運動，達到解構身體各部位，以通經脈，以正脊椎的養生運動。中醫常說：「脊椎正，則百病不生」。本人在學拳之前，因尾椎長有骨刺，不時有疼

痛感，並導致右臀常有酸麻現象，經過規律的練拳後，疼痛酸麻感大幅改善，以致幾乎消失。

另外，吳老師在書中所提，數年前他曾在高速公路上發生一次嚴重車禍，身受重傷，腿骨斷裂，釘了鋼板與鋼釘，卻塞翁失馬，因禍得福，領悟了大易拳的基本拳法。此事我可為證，雖然不在其事發現場，但是，吳老師手術後，每隔一兩週，我們都有碰面的機會。只見他拄雙拐勉力緩步而行，即使修習禪定，亦拄著雙拐，有如金雞獨立之立禪，不但令人敬佩其毅力之堅定，更目睹其身體恢復之快速。由他本人的分享，才知他已領悟大易拳法，並在傷病中練習，數月之譜，就能擺脫支杖，自由行走，實在令人驚嘆！二戰時，英國首相邱吉爾曾說：「一個悲觀的人，在每一個出現的機會裡都只看到困難；而一個樂觀的人，在每一個困難裡看到的都是機會。」（A pessimist sees the difficulty in every opportunity; an optimist sees the opportunity in every difficulty.）這正是吳老師人生態度的最佳寫照。也由於這種面對災禍時的積極樂觀，及上天給他的靈感，使他在重傷中創發了大易拳，不但造福自己，也澤及他人。

這整個過程中，尤其令人感動的是大易拳一招一式的研創經歷。緣起，來自於臺大醫院新竹分院的龔主任找吳老師合作，希望開發研究一種健身法，可造福不良於行甚至長期臥床的重症病患。經過病患的實際測試及吳老師的不斷改良，終於大易拳的精華濃縮到能夠打通任督二脈與十二經脈的一招一式。在科學研究上，這樣的例子也所在多有，常常最高深的道理融會貫通後，都能凝結成一些最簡單精美的形式，例如愛因斯坦著名的質能互換公式：$E = MC^2$。出於善心及認真的研究，大易拳一招一式正如一個精美的健身藝術方程式。

本書除了闡述吳老師的師承、創建大易拳法的發想及來龍去脈，並詳細的羅列練功步驟，最後並提出大易拳健康養生十法，愛心分享他一路行來，親身實證的心得：如何過一個身心靈平衡的健康人生。他用他的生命高度、大愛之心，及自身體驗結晶成本書，誠懇熱情、無私的與大眾分享，實爲我等之福。本人也因親自學習，受益良多，故非常感恩的推薦本書，若能依其所揭露的原則，循序漸進，必能共創美好人生，和諧社會。

周家復

美國紐約州立大學物理學博士

中央研究院物理研究所教授

自序
追尋太極領悟大易拳的人生旅程

　　大學畢業後，因緣際會接觸太極拳，莫以名狀的強烈的吸引力，油然而生的堅定執著，讓我在初學太極拳的一兩個月，完全沉浸在太極拳的浩瀚汪洋裡。每天練習數小時，勤奮認真到連睡夢中都在修練太極拳，隔日一早起床身體仍然發熱，甚至進行太極站樁時，額頭前方與頭頂都出現金黃色光圈，彷彿前世記憶傳輸到今生，開啟我以太極為依歸，醉心於太極的人生旅程。

　　在追尋太極拳的武學真諦中，除了鍛鍊各式套路以外，鑽研太極拳的真理與精髓，一直是我的人生職志，後來轉化為以脊椎為中心，開發能夠解開人體各關卡的運動模式，歷經十多年的不斷修正，更改了數十個版本，不斷研創與改進，卻始終感到未臻完美之憾。

　　一次嚴重的高速公路的車禍後，我身受重傷，髖骨斷裂，術後躺在病床上難以動彈，本以為從此與武學絕緣，卻忽然靈光乍現，瞬間共振智慧磁場，重返宇宙氣功大師的修為境界，思潮泉湧，猶如踏破鐵鞋無覓處，柳暗花明又一村，我大幅度領悟及修正過往的障礙與難題，重新思考由腳底到膝蓋、到胯部、到腹部、到頭部，通天接地的解構人體，不僅大致底定大易拳一招四式的基礎原型，也讓我的身體快速復原，重拾對於武學的信心。

　　非常感謝龔家騏主任的協助，讓大易拳得以在臺大醫院新竹分院進行人體實驗，證實大易拳可以快速增加血液中幹細胞的數量，調控免疫相關細胞的數量，降低疼痛，增加身體活動能力，提升生活品質。依據這些臨床的相關數據顯示，以及相關文獻的探討，加上真實案例，判斷對於僵直性脊椎炎（AS）應該會有明顯的效益，未來將更近一步進行大易拳對 AS 的人體臨床實驗，深入研究目前仍無法治癒的免疫性疾病。

更希望透過對 AS 的臨床研究，啓發更多想法，例如透過大易拳的運動，了解 AS 的分子機轉及細胞機轉，甚至對基因的調控；在 AS 分子機轉可以找到能夠治療 AS 的蛋白質藥，或舊藥新用。或從天然植物中、東方藥草、西方香草的草本植物，運用專利開發技術，開發做到能調控 AS 分子機轉的植物藥，這些研究同時運用於其他免疫相關疾病、紅斑性狼瘡、類風濕性關節炎。

在研究基因的層次而言，基因是由 DNA 組成，DNA 是由氮氫磷氧分子組成，記得我們在生命科學的實驗裡，如果要改變基因，最著名的方法就是傳輸電擊到基因中，就能改變基因序列。同理亦可採用光療與音療，運用不同頻率的光、音流改變基因的缺陷，讓我們的身體與靈魂都提升。

基因本身也是一種訊息的傳遞，即人類生命訊息的傳遞，這可視爲宇宙振動頻率的傳輸，又牽涉靈魂與宇宙學的應用。未來相信能證實思想與觀念同樣能改善疾病，能開發出標準化的思想與觀念的導正處方，若加上能量層次、物質層次的處方，更能達到提升人類的生活品質與生命質量。

期許整合物質、能量、意識、靈性的時代早日到來，幫助所有人擺脫一切困擾身心靈的負面因素，而大易拳相信會是最平易近人的入門之鑰。

最後，要特別感謝清海無上師，在靈修上的傳法與指導，使我能不斷自我超越與突破。也非常感謝我的母親王金珠女士，從小對於我的全力支持、林格帆小姐，長年以來與我在靈修領域攜手成長、以及我的妹妹吳潯匡，在工作與大易拳推廣的各種協助，劉維龍先生幫忙資料整理，還有大易拳學員、出版社，以及其他相關人士的協力，才讓大易拳得以順利付梓出版，萬分感謝。

本書附贈大易拳一招一式的演繹版影片光碟，能協助大家更快速掌握大

易拳的整體概念。另外，大易拳（Day Easy Exercise）已在臺灣、德國、美國、大陸等多個國家註冊商標及智慧財產，相關研究論文也即將在國際醫學期刊發表，分別是關於大易拳與幹細胞和免疫細胞的研究「Effects of Mind body therapies-Day Easy Exercise on number of HSCs and immunity responses in adults」，以及大易拳治療背痛的相關研究「Mind-Body Therapies-Effect of Day Easy Exercise (DEE) on Hospital Staff Suffered from Back Pain」，更多的資訊與科學驗證，希望對大家幫助更多。

吳亭邑

中央大學生命科學博士候選人

大易拳創始人

目錄

捌｜大易拳健康養生食療

後記｜大易拳與素食、環保、尊重生命

附錄｜大易拳在各國註冊之商標註冊證

壹、大易拳的研創過程

一、林淑嬌老師 —— 太極拳啓蒙

我出生於澎湖熱情秀麗的菊島，北方冷流和南方黑潮的交會之處，白天海鷗的鳴叫聲隨著海風遠遠傳來，夜晚漁家的燈火忽明忽暗猶如珍珠般璀璨。我學太極拳的啓蒙老師是澎湖馬公的林淑嬌老師，她教導我教育部審定的太極拳六十四式，此套路以楊式太極拳為基礎，整套拳架前後左右均勻對稱，符合太極生兩儀，兩儀生四象，四象生八卦，八卦演繹六十四理數的玄門正宗理論，柔和圓順，一氣呵成，方便學習，適合各年齡層民眾練習。

一般人大約花費半年時間可以學完六十四式，但我學至第十八式就收到兵單，受國防部徵召報效國家，搭上前往臺灣本島的渡輪。當初兵役抽籤時，我因為身在臺灣本島就讀中原大學，不克返鄉，是由母親幫我代抽，結果抽到僅此一張的籤王「海軍陸戰隊」，全場役男歡聲雷動，母親因而對我抱持歉意。記得她打電話通知我這個「好消息」時，電話那頭語帶心疼，還歸咎於我父親，我輕鬆以對，並且開導母親，抽到了就抽到了，總是要勇於面對，不用擔心，沒事的。

我被分配在恆春龍泉基地進行新兵訓練，海軍陸戰隊的新訓跟其他兵種最大的差異，除了比較嚴格之外，就是多了游泳，練習潛水與閉氣。有一次上游泳課，全連新兵編成兩隊人馬，各推出一個人選進行比賽，落敗隊伍要懲罰一百個伏地挺身，我被推舉出來代表其中一隊，結果創下將近 4 分鐘的好成績，為我歸屬的隊伍奪得勝利。

這紀錄比一般受訓同梯強 3 倍以上，震驚了單位上的長官，立即找我約談潛水閉氣的訣竅，我回答應該要歸功於太極拳。於是接下來整整 3 個月期間，

除了接受訓練之外，我還被賦予教拳的任務。早上提前半小時起床，教導排長太極拳，晚間延後半小時就寢，教導連長太極拳。儘管沒有其他特權或福利，仍然成為同梯眼中的大紅人。

退伍返鄉後，我繼續跟隨林老師補學完其餘太極拳六十四式，過程中的諸多領悟，讓我將太極拳視為畢生最有興趣的研究項目，到書局把能買到的太極拳書籍全都買回來研讀，前後購買不下數十本，並從中挑選楊式太極八十八式再自修，總算初窺太極拳之堂奧。

二、陳玉英老師——國際太極拳比賽五項冠軍

後來有一段時間我忙碌於發展健康事業，一有空閒又醉心靈修與禪坐，因而疏於太極拳的平日鍛鍊，直到 40 歲的某一天，我忽然發現本來一次能做數百下仰臥起坐的自己，竟然連一下都做不起來？才驚覺體能已大幅度衰退，為了找回身體機能，我決定重新投入太極拳的鍛鍊，因緣際會下，在國父紀念館跟隨陳玉英老師修習太極拳。

陳玉英老師是太極拳國家代表隊成員，擁有 A 級太極拳教練資格，2006年代表臺灣到杭州參加國際傳統武術賽，拿回二十四式太極拳、四十二式太極拳、陳式競賽套路、四十二式太極劍、太極單扇等，5 個太極拳個人項目金牌。陳老師原本開設電器行為業，但 36 歲那一年突然有天起床身體右半邊麻痺，嘗試各種復健後，發現太極拳是最好的選擇，從此與太極結緣，醉心太極拳的研究與鍛鍊二十多年，往來基隆、臺北兩地，指導眾多愛好太極拳的學

生。

　　陳老師教拳講求三心：專心、用心與放心，專心去領略太極的奧妙，用心體會肢體的每一個動作，最後放心的把一切交給太極。她認為每個人都是獨立的個體，身體機能極限不盡相同，習拳的意義不在於分出優劣與高下，最重要的是讓身體與心靈對話，太極拳之所以動作緩慢，就是要人們從心裡去領略每一個動作的涵義，與身心合一的境界。

　　在陳老師開明豁達的教學風格與無私貢獻的精神帶領下，我陸續學完太極拳十三式、太極拳二十四式、鄭子太極三十七式，太極拳四十二式、太極劍、太極扇等等，窮極各家套路，全面而且廣泛的吸收太極拳的精義。

　　與此同時，追隨陳玉英老師練拳的民眾也越來越多，「六藝拳社」因此應運而生，當時匯集將近 100 位太極同好，都是對於太極拳懷抱真摯熱情，彼此間相互砥礪與切磋，習拳風氣鼎盛。其中包括我在內約十餘人，時常參加全國性的太極拳比賽，每每名列前茅奪得冠亞軍，可以說是高手雲集，能人輩出。

三、潘岳老師──開元先天勁創始人

　　陳玉英老師好學不倦，是一名追求拳藝極致的求道者，為了精進太極拳造詣，她不斷探訪各地名家，經常聘請各派名家共同授藝，有一回她聘請了潘岳老師教導我們先天勁。

　　潘岳老師武學宗脈承繼「臺始易宗」張峻峰先生體系之八卦掌、形意拳、太極拳，與天津「程派高式八卦掌」劉鳳彩先生體系的八卦掌，為「程派高式

八卦掌」在臺傳人。為追求傳統內家拳學宗脈體系，潘老師遠赴大陸行旅河北、山西、新疆、黑龍江等十數省，尋師訪友，蒐集八卦掌、形意拳、太極拳等武學名家史料，交流切磋，增益見聞，啟迪後學。

1993 年，潘老師應聘為新疆太極拳協會技術高級顧問。1995 年，受聘為臺灣國立體育學院國術研究中心指導委員。1996 年，受聘為山西形意拳布學寬研究會特邀研究員。1997 年及 1998 年，分別應聘為中華民國國術總會第七屆及第八屆國家 A 級教練講習內家拳講師。

潘老師專研先天勁法多年，體悟拳學奧義，激發人體先天本元潛能，研發出調整「人體架構」與「足掌」鍛鍊的「開元先天勁」下手及進階功法。並以球體運動原理，開發出「六合錯縱離心力」整勁爆發功勁。不僅獨樹一格，且不斷精益求精，突破武學既有範疇，令我們大開眼界，頗有發現武學新境界的感受。課後我跟陳玉英老師拜入潘岳老師門下，希望能夠令既有的太極拳基礎更上一層樓。

進修先天勁的期間，我本來要將潘老師的發勁前的基礎鍛鍊功法整理成冊，其中包括虎躍功法、龍騰功法、猿攀功法、鶴立功法、鯨吞功法等等約十二式，均為擬態大型動物形象，結合鍛鍊力學原理，把自身架構延展開來，形成整體通透的力量傳導與觸點爆發，都是威力強大的剛猛招式，如若整理成書，後進同好學習可以更加快速入門。雖然未能繼續完成，但我從中體悟出勁力在人體骨骼與肌肉間的連貫傳導方式，後來這些基礎原理融入大易拳的架構之中，實在獲益匪淺，感謝潘老師的啟發與教導。

四、大易拳一招四式的研創過程

大易拳的開發過程，歷時十多年，也更改了十多個版本。最初的時候有十二式，沿襲潘岳老師的基礎拳藝，皆以動物形象為體現，後來我開始依據這些功法的精髓，改以脊椎為中心重新全面式的思考與創新，將功法開發得更完整。其中頸部有 8 個方向旋轉運動，胸部有 8 個方向旋轉運動，腰部有 8 個方向旋轉運動，胯部有 8 個方向旋轉運動，整體 8 個方向旋轉運動，過程中修正優化數十次之多，非常的複雜與精妙。

之後經過 7 個寒暑，在一次不可預期的意外中，我在高速公路上發生嚴重車禍，右腿胯骨破裂成 3 片，當時直接開刀治療，用了 3 片鋼板與 7 支鋼釘固定，躺在醫院病床上動彈不得。本以為這一生已無緣再登武學巔峰，沒想到天無絕人之路，閩南俚語有謂：「打斷手骨顛倒勇」，我的肢體創傷劇烈疼痛，但腦部思考反而卻清晰無比，忽然間領悟到所有複雜的大易拳招式，都可以化繁為簡，融會成一招。思考邏輯完全改變，改為由上而下，通天接地，從腳底解開放鬆到膝蓋，再從腳底解開放鬆到胯部、腳底解開放鬆到腰部、腳底解開放鬆到背部，乃至於腳底解開放鬆到頭頂。

為了確認每個動作的最佳角度、模式與運動方式，改了很多版本，花很了多時間，才研發定案出大易拳原始套路的一招四式，每一式有 5 個動作，完畢以後就回到原位。每隻腳分為前後，兩隻腳總共四式，20 個分解小動作。

五、大易拳一招二式的研創過程

　　一招二式是在一招四式研發出來的兩年後，長期靜坐中靈機一動取得的靈感。

　　本來一招四式，每一式有 5 個動作，前面的第一個動作從腳底到膝蓋，第二個動作從腳底、膝蓋到胯，第三個動作從腳底、膝蓋、胯到腹部，第四個動作從腳底、膝蓋、胯、腹部到胸部，第五個動作從腳底、膝蓋、胯、腹部、胸部到頸部。

　　而太極拳之原理是從腳底發勁傳送到手及頭頂，所以一開始研創大易拳，無論前後都是同樣由下而上的傳導路徑。但是一次打坐中，我忽然覺悟到，道家任督二脈的傳輸原理，其實背後與前面可以連貫成一個圓，先從腳底由背後上傳到頭頂，再從頭頂由前面下傳到腳底，不但圓了立體的圓，整合一體功德圓滿，還能夠快速打通任督二脈。

　　自此招式的前後大次序也有了新的改變，本來都是先練雙腳前面後仰開始，一招二式是從一招四式的第三式開始，即是從左腳的後面前俯開始先練到頭頂，之後直接 180 度拉開以後，又變成一招四式的另一式最後動作，即右腳最後一個動作至頭頂，然後繼續由頭頂從前面往下拉開頸部，此時身體還是 90 度、再轉至 45 度練胸部與腹部，再回到中間原來的正面，練胯部及膝蓋。就這樣左腳由下而上，再右腳由上而下，變成半個立體圓，10 個動作串連在一起，然後另一式右腳由下而上，再左腳由上而下，又另外 10 個動作串聯在一起，形成另外半個立體圓。所以一招二式的幅度跟威力，比一招四式強大了兩倍。

再細說一招四式與一招二式之差異，一招四式是每 5 個動作就會回到原位，一招二式則是由腳底到膝蓋、到胯、到背、到頭頂，再從頭頂到頸部、到胸部、到腹部、到胯、到後面膝蓋、到腳底，每次一共是 10 個小動作一氣呵成。即左腳上來一次 5 個動作，再從右腳下來 5 個動作連在一起，然後再右腳上來 5 個動作，左腳下來 5 個動作連在一起。因為每個動作相對放鬆解開後沒有復位，又繼續伸展解構，所以才說一招二式的幅度威力倍增。

有個重要觀念要與大家分享，一招二式在我打坐想通的時候，其實當下第一次練習，鍛鍊幅度馬上增加一倍，其實是瞬間就達成的，當天就達成了。所以重點在於觀念的理解與突破，一招四式的基礎功法鍛鍊到位，當練到一招二式，只要想通動作的固定角度、模式與運動方式，重新排列組合，立刻就能馬上升級到位。

六、大易拳一招一式的研創過程

一招一式的緣起，是起緣自龔家騏主任醫師找我合作開發能夠幫助重症病患的研究，並邀我去臺大醫院新竹分院，希望能夠造福不良於行，甚至是臥病在床的重症病患。許多重症病患雖然意識清楚，但需要兩個人在旁攙扶才能起床，看到此景象，令我感到十分難過，也十分同情，非常希望有機會能幫助他們，希望他們透過大易拳的鍛鍊，至少能夠恢復靠自己就可起床的身體機能。

初期我們作了幾個重症病患的初步測試，發現重症病患沒辦法完整由下而上練完一個完整單邊，躺在床上想要從一隻腳掌練到膝蓋、練到胯、練到腰、

練到背、練到頭，是非常吃力的。一般而言，重症病患第一天可能只能左腳練到膝蓋，然後右腳練到膝蓋，然後左膝蓋練到胯，然後右膝蓋練到胯，這樣就差不多了。

　　所以，如果要求重症病患把一邊練完，再練另外一邊幾乎是不可能的，也因此我產生交叉練功的想法。一段左腳，再一段右腳，交叉神經的練法。之後我又把這樣的概念延伸到站立的型態，將原來一招二式的模式，改成左右、左右，由身後開始，即從腳底到膝蓋，再從腳底到胯，後方左右兩邊，然後從腳底到後腰左右兩邊，從腳底到後背左右兩邊，再從腳底到頭部，乃至於頭頂的時候，是左邊右邊轉180度，然後過渡動作直接再拉至180度，如同一招二式的方式，往後開始鍛鍊身體前面，從兩邊的90度的頭部練到頸部，再回到45度左右兩邊練前胸，一樣45度左右練腹部後繼續向後仰，再轉回到正面，但身體仍後仰沒有起身，左右仍向後仰練胯，同樣是左右兩邊向後練膝蓋及腳底，這時兩手後擺自然可摸到地面。

　　一招一式的原理大致架構完成之後，我開始思考如何用這一招一式，同時打通十二經脈與任督二脈大周天功法，原來的一招二式就可以打通任督二脈，那如何能夠打通十二經脈呢？是運用大周天的架構，由下而上，左右腳都有3條陽脈，再來是接督脈，兩隻手各有3條陽脈接到背部再到頭頂，然後從前面頸部下來到胸部兩隻手，各有3條陰脈接到任脈，再接到腹部與海底輪之後，夾臀提肛沿著兩隻大腿後面向下，又有各3條陰脈到腳底湧泉穴。

　　由於任何一支手腳都具有3條陽脈跟陰脈，細節十分複雜，不容易記完整，如果要避免有所遺漏，由下而上練時，關鍵在於每隻腳趾，從小腳指開始練，再練腳無名指、再練腳中指、再練腳食指、再練腳拇指，也就是五隻腳趾

頭都練到膝蓋，5隻腳趾頭都練到胯，5隻腳趾頭都練到腰，5隻腳趾頭都練到背，5隻腳趾頭都練到頭頂，這樣全身所有的十二經脈就都不會漏掉了。而由上往下練時，關鍵換成了手指為主，大拇指屬頭，小指則通腳底。所以接下來打通任脈要從大拇指開始，再輪到練食指，練中指、練無名指、最後練小指，也是5隻手指頭一隻隻由大拇指練到小指，此時可融入極限拉筋及先天勁的應手。

至此，能夠打通任督二脈與十二經脈的大易拳一招一式，終於大功告成。

貳、大易拳應用的原理

大易拳是應用太極拳、瑜伽、氣功、極限拉筋、先天勁與靜坐等六項原理，六合一融會成一招，符合生理解剖學運動模式，360度對稱解構脊椎。由腳底開始、到膝蓋、到後腰、到背、到肩頸、頭頂，再轉180度成正面，由頭頂到肩頸、到胸部、到腹部、到髖骨、到膝後、到腳底。每一個部位都有特定角度、模式與運動方式，可以通天接地，分段逐步，快速打通任督二脈及十二經脈。

一、太極拳原理應用

　　太極拳是中華文化思維與武術、藝術、運動、醫學的完美結合，以傳統道家及儒家哲學中的太極、陰陽學說爲核心，集陶冶情智、強身健體、技擊對抗等多種功能爲一體，是高層次的人體運作模式。飽含東方虛懷若谷、有容乃大的謙沖哲學，不只鍛鍊筋骨皮，也特別針對形而上的精氣神加強修養，非常符合人類整體身心需要。

　　太極拳各流派皆奉武當張三丰眞人爲祖師，發源於河南省溫縣陳家溝，是爲陳氏太極拳。明末清初，陳王廷潛心研究創編，之後經歷百餘年傳承，到了十四世陳長興開始對外繁衍傳播，首傳外姓弟子河北楊露禪，學成回鄉後到北京傳拳，逐漸創編出楊式太極拳，至此，太極拳開始發揚光大。由於再傳後人的發揚，在原有拳架基礎上有了自己的看法，而形成「支派」，太極拳主要流派有：陳式太極拳、楊式太極拳、吳式太極拳、武式太極拳、孫氏太極拳、趙堡太極拳、李式太極拳和式太極拳等。

　　大陸國家體委武術研究院，以楊式風格爲主，並吸收了陳、吳、武、孫多家太極的特點，創編多套太極國家套路：八式、十六式、二十四式、三十二式、四十二式、四十八式、八十八式太極拳。另外，針對不同的門派，又創編了楊氏四十式、陳氏五十六式、吳式四十五式、孫氏七十三式和武式四十六式太極拳。

　　太極拳以意念統領全身，入靜放鬆、以意導氣、以氣催形，達到修身養性、強身健體的目的。拳術風格含蓄內斂、以柔克剛、動作柔和、速度較慢，拳式並不難學，而且架勢與運動量都可以根據個人筋骨強弱而有所調整，能適應不同年齡層與體質的需要，並非年老弱者專利。無論是理論研究還是親身實踐，無論是精益求精還是益壽養生，都能透過太極拳從中獲益。

大易拳應用太極拳原理如下：

1 太極拳

運用太極拳鬆身接地、由地而發、節節貫穿、通天接地的原理。

2 太極劍

運用太極拳虛靈頂頸、含胸拔背、鬆腰落胯、圓當接地的原理。

3 太極扇

運用其根在腳掌，發於腿、主宰腰、行於手指的原理。

（吳亭邑博士德國示範表演）

二、瑜伽原理應用

瑜伽是一項有著近 5000 年歷史，關於身體、心理以及精神的練習，起源於印度，可以改善身體和心性，集哲學、運動醫學、藝術與靈修於一身。大約在公元前 300 年，印度的大聖哲瑜伽之祖帕坦伽利創作了《瑜伽經》，奠定了完整的瑜伽八大體系：持戒、尊行、體位、調息、攝心、凝神、入定以及三摩地，透過意識的提升，幫助人類充分發揮內在潛能。

瑜伽從體位姿勢開始練習，主要練習如何控制身體和呼吸，更深一層的效果是使身體各機能有序運轉，從而使心靈獲得寧靜，變得祥和。透過鍛鍊身體兩極相等的靈活性和力量，進入平衡的狀態，從而使邏輯性、算術性的左腦與創造性、直覺性的右腦能和諧地相處，均衡地發揮作用。

瑜伽發展到了今天，已經成為世界廣泛傳播的一項身心鍛鍊修習法，同時不斷演變出了各種各式的分支流派，目前 10 大常見瑜伽流派為：

1. **哈達瑜伽**：最傳統的瑜伽，很多的流派都是從這個流派衍生出來的。
2. **昆達里尼瑜伽**：瑜伽裡的貴族，自古以來只有極少數皇室貴族才有機會學習。
3. **空中瑜伽**：又稱為反重力瑜伽，利用空中吊床練習，體位姿勢優美。
4. **比克拉姆熱瑜伽**：在高溫環境下進行練習，身體柔韌度出奇的好。
5. **流瑜伽**：與呼吸同步的順暢動作，彷彿舞蹈一般。
6. **陰瑜伽**：強調身體放鬆，摒除雜念，長時間保持同一動作。
7. **艾揚格瑜伽**：強調精準的體位動作，有時需要借助工具完成體位練習。
8. **阿斯湯加瑜伽**：強調三位一體，即姿勢、呼吸和意念。

9. **阿奴撒拉瑜伽**：將身體訓練與道德論語以及哲學結合。

10. **阿南達瑜伽**：溫和冥想，重視穩定與靜坐。

大易拳運用瑜伽原理如下：

1 運用瑜伽體位變化，以及生理角度，解構人體。

2 運用瑜伽呼吸法原理，吸氣時飽滿不動，吐氣時拉伸。

3 運用瑜伽全身放鬆柔軟原理。

三、氣功原理應用

氣功是一種古老的中國養生保健方法。以呼吸的調整（調息）、身體活動的調整（調身）和意識的調整（調心）為手段，以強身健體、防病治病、健身延年、開發潛能為目的。古代氣功文獻資料浩瀚如海，在道醫、儒醫、中醫經典皆有大量氣功記載。經絡、穴位、氣血學說是中國氣功的理論基礎，經絡是氣血運行的通道，穴位是氣血運行的出入口，氣功健身祛病的道理在於穴位受到良性刺激，氣血在經絡中運行通暢。

氣功鍛鍊，首貴明經，經絡不能明辨，而妄談氣功，則如盲人騎瞎馬，無所適從。任督二脈原屬於奇經八脈，奇經八脈是任脈、督脈、衝脈、帶脈、陰蹺脈、陽蹺脈、陰維脈、陽維脈的總稱。它們與十二正經不同，既不直屬臟腑，又無表裡配合關係，其循行別道奇行，故稱奇經。任督二脈因具有明確穴位，醫家將其與十二正經脈合稱十四正經脈。任脈主血，為陰脈之海；督脈主氣，為陽脈之海。也就是說，任督二脈分別對十二正經脈中的手足六陰經與六陽經脈起主導作用，當十二正經脈氣血充盈，就會流溢於任督二脈；相反的，若任督二脈氣機旺盛，同樣也會循環作用於十二正經脈，故曰：「任督通則百脈皆通」。

十二經脈是經絡系統的主幹，起著通行氣血、協調陰陽、聯絡內外、感應傳導等重要的生理作用。根據各經脈內屬臟腑的不同，以及循行肢體部位的不同，可分為手三陽經（手陽明大腸經、手太陽小腸經、手少陽三焦經），手三陰經（手太陰肺經、手少陰心經、手厥陰心包經）、足三陽經（足陽明胃經、足太陽膀胱經、足少陽膽經）、足三陰經（足太陰脾經、足少陰腎經、足厥陰

肝經）。

　　這 12 條經脈，逐經相傳，外絡於肢節，內屬臟腑，溝通內外，貫穿上下，將人體各組織器官聯繫成為一個有機的整體，內外、上下分布全身，每條經脈都是左右對稱，各經都有一定循行路線和經穴，按照固定的順序首尾相接，構成了一個陰陽相貫、周而復始、如環無端的循環系統。

　　手之三陰從胸走手，手之三陽從手走頭；足之三陽從足走頭，足之三陰從胸走足。正由於十二經脈透過支脈和絡脈的溝通銜接，在臟與腑之間就形成了六組「絡屬」關係，在陰陽經之間也形成了 6 組表裡關係，陰經屬臟絡腑，陽經屬腑絡臟。

　　氣功的內容非常廣泛，功法也繁多，有以練呼吸為主的吐納功，以練靜為主的靜功，以練動靜結合為主的動功，以練意念導引為主的導引功、站樁功和氣功按摩等。

大易拳應用氣功原理如下：

1. 運用氣功意念、意領氣動，氣斂骨髓。
2. 運用任督二脈循環原理，由海底會陰穴，從後面到命門，再到夾脊，再到頭頂百會，再從頭頂百會下來到額頭玄關，再走任脈到壇中，再到下丹田，再到會陰穴，此為運行小周天。
3. 運用氣功遊走十四經脈，由腳底走足三陽經（足陽明胃經、足少陽膽經、足太陽膀胱經），透過督脈，接手三陽經（手陽明大腸經、手少陽三焦經、手太陽小腸經）至頭頂百會穴。再從頭頂而下，走手三陰經（手太陰肺經、手厥陰心包經、手少陰心經），透過任脈接足三陰經（足太陰脾經、足厥陰肝經、足少陰腎經），至腳底湧泉穴，此為運行大周天。

四、極限拉筋原理應用

　　拉筋，是透過在人體的體重加上施力的起仰角度改變，把人體的體重轉化為拉筋的力道，充分幫助人體全身筋脈拉伸舒緩，能使身體的血液流暢，達到身體自癒的目的。從中醫學來說，筋絡和氣血循環是相輔相成，經常拉筋，五臟六腑也會跟著活動，更加延年益壽。拉筋既是一種治療，也是一種自我診斷，拉筋鍛鍊能讓每個人更加清楚地了解自己目前的身體狀況，並能及時改善。

　　極限拉筋發源於道家聖地武當派，以簡易而盡致的動作，運用肢體力學的鬆緊、開闔、托按，扭絞、旋盤、撐划、拉頂等動靜原理，達到開拓、調整、均衡、增強身體生物能力場，確實順暢血氣，增進生理機能，疏通經絡，強韌筋腱、肌膚、骨質、關節，以逐漸消除因瘀積、萎縮、陰著等體內障塞潛在的疾患，減輕諸多痠痛和慢性疾症。

大易拳應用極限拉筋原理如下：

1

從腳掌開始，節節極限拉筋，進行拉筋運動。

2 運用手掌旋轉左右拉開，上下拉開，協助全身各部位的拉筋。

3 運用身體位移，進行全身各部位連續性的極限拉筋。

4 透過身體慢慢逐步變換角度與模式及運動方式，由下而上拉小腿、拉膝蓋、拉到胯、拉後腰、拉背部、拉到頭頂。

5 每一小節及小段都進行相對拉開運動，再由上而下，從手掌節節極限拉筋，透過身體慢慢逐步變換角度與模式，拉頸部、拉胸部、拉腹部、拉到胯、 拉後膝蓋、拉到腳底。

五、先天勁原理應用

開元先天勁為潘岳老師所獨創，先天勁非藉由體力鍛鍊而來，而是透過「伸筋肌」、「調背脊」、「沉肩胛」、「固髖膝」的機體鍛鍊，以合乎力學與功學原理之最佳卡榫效能來調試最適合功勁，發揮人體自然生理架構，奠定全身整勁的基礎。

透過「找勁」、「引勁」、「試勁」、「化勁」的功法鍛鍊，開發先天本元潛能，將功勁量能之運用於動靜變化中反覆熟練，以結合人體神經反射中樞系統，成為自然任運的反射機能，穩固並成就功勁基石。最後透過「黏手」、「纏手」、「盤手」、「閃手」等「應手」技法的串習，訓練功勁於實際「應手」時的整體應變能力。

大易拳應用先天勁原理如下：
1. 運用人體結構學平衡原理。
2. 運用筋骨肌肉傳動的方式，伸筋脈、固髖膝、沉肩胛傳遞力量。
3. 運用纏手與盤手的應手原理，解開運行頭部、胸部與雙手的筋脈。

六、靜坐原理應用

靜坐是一種養生健身法，更是開啟人類靈性之鑰。一般靜坐閉目盤膝而坐，放下一切世俗雜念，調整氣息出入，手放在一定位置上，不想任何事情。

靜坐又可稱為打坐，也是道教中的一種基本修練方式。在佛教中叫禪坐或禪定，是禪宗所必修。既可養身延壽，又可開智增慧。在中華武術修煉中，靜坐也是一種修煉內功，涵養心性，增強意力的途徑。

透過靜坐，人體會有氣流湧現，根氣好，上智有能，自動地打通關竅，開啟生命之鑰，在生命之鑰開啟的同時，往往伴有開悟與智慧的產生，若能有在世名師傳心印，則可聚焦突破，因應振動頻率不同，穿越不同顏色光度與維度，亦可同時顯現不同音流，清除業力。以前不明白的問題，可能會在一閃念間自動明白，不需要苦思冥想，一閃而通，禪悅心喜，瞭通宇宙法則，萬物同體，這就是頓悟。

在靜坐中，我們獲得了源源不絕的宇宙能量，這種能量可以提升身體、智能和心靈的力量，它開啟了第六感之門，進入超越感官的領域。當我們獲得足夠的宇宙能量後，智慧眼將光中化身無數億，可以感受到其他次元的景象，聽到內在的聲音，帶給我們身心靈的喜悅，並且邁入不斷昇華的更高境界。

大易拳應用靜坐原理如下：

1 運用腦部放鬆及放下的原理。

2 運用思想念力集中的原理。

3 運用內在觀想正向自我療癒原理。

4 運用默念聖號自我加持的原理。

5 運用內在自性光自我昇華原理。

6 運用磁場共振達到萬物同一體的原理。

參、大易拳應用生理學、解剖學與經絡學

大易拳以 360 度解構脊椎，而脊椎是生命的源頭，人體胚胎分化成三胚層之後，最先長出脊椎，再長出頭部，再長出五臟六腑，再長出手腳。脊椎對應連接到相對的神經系統，每一節脊椎同時也連接對應到五臟六腑與器官，例如頸椎與眼鼻有關，胸椎與心肺有關，腰椎與肝腎有關。

　　因此大易拳鍛鍊脊椎，解開骨節阻滯，打通神經連結，初步可以舒緩肌肉筋骨疼痛，進階則可以理氣清神，改善五臟六腑機能，增強全身血液循環系統。其中鍛鍊脊椎可以釋放更多幹細胞與免疫細胞，達到抗老逆齡及提升免疫系統的效果。

一、大易拳鍛鍊脊椎與胎兒的發展路徑

　　母體內胎兒的成長過程中，是由胚胎中長出脊椎，再長出頭部，再長出五臟六腑，再長出手腳，所以脊椎中蘊含最上游的幹細胞。大易拳實際為鍛鍊脊椎到全身，所以可以促進上游的幹細胞釋放到血液中，幫助改善人體各種器官機能。

人類胎兒母體內發育圖

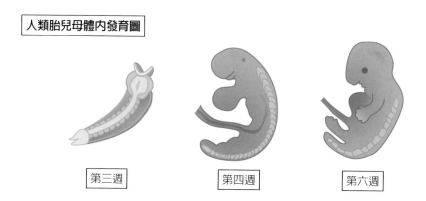

| 第三週 | 第四週 | 第六週 |

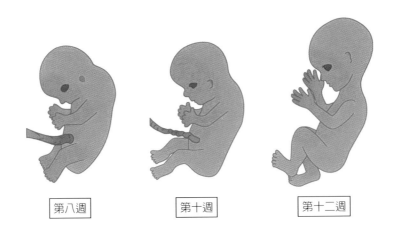

第八週　　　　　　第十週　　　　　　第十二週

二、大易拳激活人體幹細胞

　　幹細胞是一種能不斷複製自身，而且能轉化成體內器官和組織的細胞。對哺乳動物來說，幹細胞分為兩大類：胚胎幹細胞與成體幹細胞；胚胎幹細胞來自囊胚裡的內細胞團，在胚胎發展階段，幹細胞能分化為任何特化細胞。成體幹細胞則來自各式各樣的組織，在成體組織裡，成體幹細胞擔任身體的修復系統，補充成體組織。

　　樹老枝枯，人老髓衰，骨髓飽滿疾病全無，骨髓流失器官衰老，簡單的說，骨髓是免疫之源、健康之本。人體內骨髓的增多，能使造血幹細胞數量提高，因此骨髓的再生和增強對於維持人體健康十分重要。近年科學家發現成人骨髓所產生的「自體幹細胞」也具有類似「胚胎幹細胞」的能力。「骨髓」釋

放出「自體幹細胞」，透過血液循環進入到器官組織，大量複製和分化成該器官細胞，對身體有問題的部位進行細胞修補與再生。

　　大易拳經臺大醫院人體實驗證實，練習 1 個月後，血液中 CD34+ 幹細胞的濃度平均能夠提升 50% 以上；在練習大易拳 2 個月後，CD34+ 幹細胞的濃度平均能夠提升 100% 以上；在練習大易拳 3 個月後，CD34+ 幹細胞的濃度更是平均都能夠提升 200% 以上；CD34+ 幹細胞是對於人體骨髓與結構非常重要的一種幹細胞，對於激發身體自癒力，幫助人體克服各種病症，協助器官重新

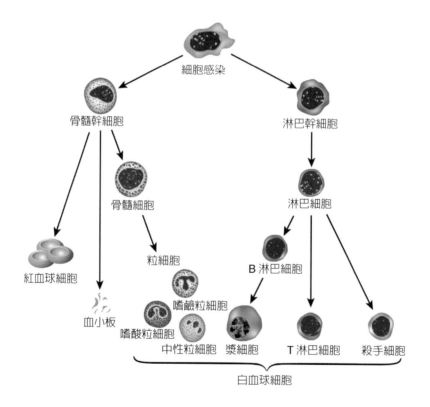

獲得健康，有非常大的幫助。

三、大易拳與免疫系統相關細胞

　　免疫系統是人體抵禦病原菌侵犯最重要的保衛機制，由免疫器官（骨髓、脾臟、淋巴結、扁桃體、小腸集合淋巴結、胸腺等）、免疫細胞（淋巴細胞、單核吞噬細胞、中性粒細胞、嗜堿粒細胞、嗜酸粒細胞、肥大細胞、血小板等），以及免疫分子（補體、免疫球蛋白、干擾素、白細胞介素、腫瘤壞死因子等細胞因子等）組成。

　　淋巴系統由免疫器官、免疫細胞和免疫物質組成，是防衛病原體入侵最有效的武器，具有以下發現並清除各種異物與病菌的功能。

1. **識別和清除外來入侵的抗原**，防止外界病原體入侵，和清除已入侵病原體及其他有害物質，使人體免於病毒、細菌、污染物質及疾病的攻擊。

2. **識別和清除體內發生突變的腫瘤細胞、衰老細胞、死亡細胞或其他有害的成分**。清除新陳代謝後的廢物及免疫細胞與病毒打仗時遺留下來的病毒死傷屍體。

3. **透過自身免疫耐受和免疫調節使免疫系統內環境保持穩定**。修補免疫細胞能修補受損的器官和組織，使其恢復原來的功能。

　　免疫器官中骨髓、胸腺與脾臟具有舉足輕重的地位。骨髓位於骨髓腔中，分為紅骨髓和黃骨髓。紅骨髓具有活躍的造血功能。因此，骨髓是各類血細胞和免疫細胞發生及成熟的場所。胸腺是人體主要的淋巴器官，位於胸骨後方、

心臟的上方，是 T 細胞分化發育和成熟的場所，用來防堵入侵的毒素及微生物，協助免疫系統運作。脾臟是血液的倉庫，它承擔著過濾血液的職能，清除死亡的血球細胞，吞噬病毒和細菌。另外，它還能啓動 B 細胞，使其產生大量的抗體，脾臟最重要的功能就是做爲 T 細胞和 B 細胞的儲存場所。

　　醫學界進行免疫系統相關人體實驗，大都以 T 細胞、B 細胞，以及 TH 細胞作爲驗證指標。

➤ **T 細胞**：是淋巴細胞的一種，在免疫反應中扮演著重要角色，可分泌淋巴激素活化其他的免疫細胞、可以認識外來的感染原與組織及身體的腫瘤並將其殺死、具有調節或抑制免疫的能力。T 細胞在胸腺內分化成熟，成熟後移居於周圍淋巴組織中。

T 細胞激活機制

病毒　細胞　受感染細胞　T 細胞　細胞因子　激活 T 細胞　細胞複製　細胞破壞　吞噬細胞

輔助 T 細胞激活機制

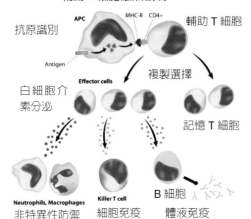

抗原識別

複製選擇

白細胞介
素分泌

記憶 T 細胞

非特異性防禦　細胞免疫　體液免疫

輔助 T 細胞：在免疫反應中扮演中間過程的角色：它可以增生擴散來激活其他類型的免疫細胞，產生直接免疫反應。輔助 T 細胞的主要表面標誌是 CD4。它們是已知的 HIV 病毒的目標細胞，在愛滋病發病時會急劇減少。同時可協助活化 B 細胞產生抗體，也可協助殺手 T 細胞及巨噬細胞發揮免疫功能。

細胞毒性 t 細胞活化和作用機制

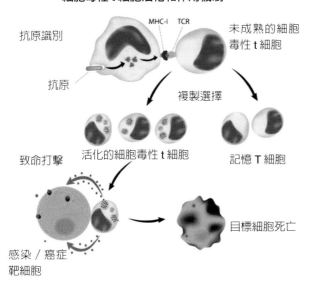

抗原識別

抗原

末成熟的細胞
毒性 t 細胞

複製選擇

致命打擊

活化的細胞毒性 t 細胞

記憶 T 細胞

目標細胞死亡

感染 / 癌症
靶細胞

病毒 T 細胞：
T 細胞消滅受感染的細胞。這些細胞的功能就像一個「殺手」或細胞毒素那樣，因為它們可以對產生特殊抗原反應的目標細胞進行殺滅。

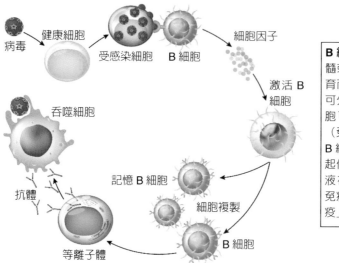

B 細胞激活機制

病毒　健康細胞　受感染細胞　B 細胞　細胞因子

激活 B 細胞

吞噬細胞

記憶 B 細胞

抗體　細胞複製

等離子體　B 細胞

> **B 細胞**：由哺乳動物骨髓或淋巴幹細胞分化發育而來，在抗原刺激下可分化為漿細胞，漿細胞可合成和分泌抗體（免疫球蛋白）。
> B 細胞是透過產生抗體起作用。抗體存在於體液裡，所以 B 細胞的免疫作用叫作「體液免疫」。

四、頸椎各節脊椎神經對應症狀細節

　　人體所有五臟六腑的神經都接到脊椎，幾乎所有從腦部發出的神經都經由脊椎到達人體的各個器官。神經系統分爲中樞神經系統（腦與脊髓）、末梢神經（體神經與自律神經）。大易拳以脊椎爲中心（人體幹細胞發展路徑），貫穿人體三脈（Nadi/Channels）、7 個輪穴（Chakras）及 5 個部位：頸椎、腰椎、胸脊、薦脊、膝蓋，不僅有益心腦及五臟六腑功能，還可以協助解除脊椎神經產生的相關疾病，是現代人解除日常疼痛及逆齡回春的最佳運動。

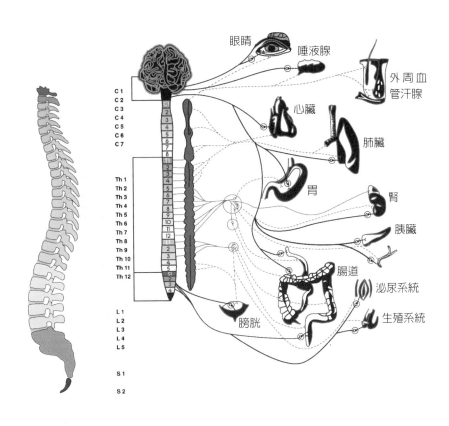

部位	節位	脊椎神經受壓迫可能導致的症狀
頭顱區段	C1 節	頭痛、頭暈、顏面神經失調、健忘、眼部疾病、頸部疼痛、難以入睡、容易跌倒、耳鳴、肩膀疼痛、腰部疼痛、難以呼吸、高血壓、胃痛、倦怠
頸椎區段	C2 節	鼻過敏、鼻竇炎、昏昏欲睡、眼球疾病、近視、老花眼、眼眶分泌物過多、重聽、扁桃腺發炎、腮腺發炎、喑啞
	C3 節	咽喉疼痛、肩頸僵硬或痠痛、神經機能亢進、難以呼吸、過敏性濕疹、咳嗽、打噴嚏

（接下頁）

部位	節位	脊椎神經受壓迫可能導致的症狀
頸椎區段	C4 節	甲狀腺發炎、扁桃腺發炎、頭部肌肉疼痛、肩膀痠麻、臂膀無力、舉手困難、牙痛、流鼻血
	C5 節	氣管發炎、食道發炎、手臂或手肘酸麻無力、吞嚥困難、嗓音沙啞、口臭
	C6 節	上臂疼痛或手腕疼痛、大姆指痠麻疼痛、五十肩、頸部歪斜、扁桃腺發炎、抵抗力差容易感冒、頻繁咳嗽、氣喘
	C7 節	甲狀腺發炎、手部過敏皮膚癢、指甲感染黴菌、胃口不好、吞嚥困難、手臂無力痠麻、中指與無名指疼痛、氣喘、無端發胖

五、胸椎各節脊椎神經對應症狀細節

部位	節位	脊椎神經受壓迫可能導致的症狀
胸椎區段	T1 節	氣管發炎、喉嚨痛、呼吸不順、氣喘、胸口疼痛、心臟病、水腫、手臂內側疼痛、手腕痠麻
	T2 節	氣喘、氣管炎、呼吸困難、心臟病、心肌疼痛、高血壓、心律不整
	T3 節	心臟病、心肌絞痛、心瓣膜發炎、胸口疼痛、難以吞嚥、食道炎
	T4 節	感染結核菌、支氣管炎、肺炎、食道炎、肋膜炎、抵抗力下降、感冒、手軟無力提重物
	T5 節	肺炎、肋膜炎、胸口疼痛、乳房發炎、膽囊疾病、帶狀疱疹、胃痛發炎
	T6 節	弱視、容易疲倦、青春痘、肺炎、膽囊疾病、脾臟腫大、胃痛發炎、貧血、關節炎
	T7 節	肝臟疾病、口臭火氣大、喉嚨痛、胃痛發炎、十二指腸發炎、胃脹氣、胃口不好、胰臟發炎、膽管發炎

（接下頁）

部位	節位	脊椎神經受壓迫可能導致的症狀
胸椎區段	T8 節	急性胃潰瘍、十二指腸發炎、胃脹氣、胰臟機能低落、糖尿病
	T9 節	免疫系統失調、頭痛、小腸發炎、口乾舌燥、風濕痛、排便不順
	T10 節	腎臟發炎、皮膚過敏、蕁麻疹、小腸發炎、夜裡頻尿、手腳冰冷發麻、小便白濁、尿量減少、性慾不振、難以受孕
	T11 節	腎臟發炎、血管硬化堵塞、血尿、腎臟功能低落、痛風、身體水腫、帶狀疱疹、腿部靜脈曲張
	T12 節	排尿不順、痛風、痔瘡、身體水腫、大腸發炎、腎臟發炎、皮膚罹患濕疹、性功能低落、小便白濁、胰臟機能低落、糖尿病、難以受孕

六、腰椎各節脊椎神經對應症狀細節

部位	脊椎	脊椎神經受壓迫的可能症狀內容
腰椎（Lumbar、Vertebra）	L1 節	輸尿管炎、大腿痛、尿床、便祕、腹瀉、疝氣、頻尿
	L2 節	卵巢炎（瘤）、子宮外孕、輸卵管阻塞、盲腸炎、不孕症、月經失調、大腿痛、腹痛痙攣
	L3 節	膀胱炎、子宮肌瘤、膝痛腳無力、月經不順、月經失調、頻尿、水腫、坐骨神經痛、腰痛
	L4 節	腰痛、坐骨神經痛、前列腺炎、排尿不順、頻尿、膀胱炎、腰痛、月經失調、不孕症
	L5 節	痔瘡、坐骨神經痛、膀胱炎、頻尿、小腿痛無力、踝痛、關節炎
薦椎（Sacrum）	S1 節	脊椎彎曲症、髖關節炎、攝護腺炎、臀部痛、性病、痔瘡、尾骨痛、肛門症

七、大易拳與肌肉骨骼的關係

　　一般講到肌肉時，指的都是以人體脊椎爲中心，分布於骨骼上的肌肉。我們身體輪廓大約是由 700 塊肌肉覆蓋而成，而這些肌肉約占身體總重量的 6 成之多。在體神經的支配下，骨骼肌會與骨骼合力支撐人體，進行身體各部的運動。當運動量不足時，肌肉會變細、萎縮，開始產生脫鈣現象。

　　人是唯一直立行走的動物，骨骼爲身體主要之支架，由顱骨、脊椎、肋骨、胸骨、四肢骨所構成。就像是建築的大梁柱，承受了巨大的力量，能保護身體內部之器官，透過骨骼當作槓桿、關節爲支點加上肌肉的作用，提供了人體行動自由，還負有儲存鈣、磷及造血等重大任務。

　　骨骼與肌肉由於身爲人體支架，日積月累很容易產生疼痛，引起的後續效應，又與活動力以及生活品質密不可分，所以當一個人被肌肉骨骼疼痛所困擾時，醫學界爲客觀評估，全面診斷，通常都會以 3 份量表記錄病情的發生與改善情形。

1. 疼痛量表：疼痛是一種非常主觀的個人經驗與描述，除了自己，沒有人能完全了解當事人的感受。疼痛是多層面且複雜的，它是人類與生俱來的本能，不舒服因人而異，疼痛程度、面對疼痛的態度與個人生理、心理及社會經驗息息相關。疼痛與其他症狀最大的不同點是無法靠儀器測量出來輕重程度，完全只能依靠病人的主觀描述，因此良好的疼痛處理，有賴於正確、完整與有系統的評估。

2. 活動力量表：評估肢體的伸展能力與彎曲角度。

3. 生活品質量表：評估疼痛對於日常生活作息所造成的困擾程度。
　(1) 舉重物情形；(2) 爬樓梯情形；(3) 走路情形；(4) 跑步情形；(5) 起床情形。

八、大易拳與任督二脈的關係

　　大易拳一招二式的路徑由下而上，再由上而下，解構身體各節關卡，可以打通任督二脈。

　　任督二脈是奇經八脈之首 以人體正下方雙腿間的會陰穴為起點，從身體正面沿著正中央往上到唇下承漿穴，這條經脈就是任脈；督脈則是由會陰穴，向後沿著脊椎往上走，到達頭頂再往前穿過兩眼之間，到達口腔上顎的齦交穴。任脈主血，督脈主氣，為人體經絡主脈。任督二脈若通，則奇經八脈通；奇經八脈通，則百脈通，進而能改善體質，強筋健骨，促進循環。

任督二脈在中醫診脈與道家導引養生上相當重要，同時也因武俠小說裡誇張的渲染與描述，如可藉由武功高強之人的協助打通任督二脈等，任督二脈一旦被貫通，武功即突飛猛進，故成為一般人最為熟知的氣脈名稱。

　　以道家導引養生的觀點，所謂「通任督」也就是通三關（尾閭、夾脊、玉枕）、行「周天」運轉之意。道書《太平經》認為，人的壽命極限為上壽120歲，只要以導引內丹的訓練，從「逆」的方向上奪天地之造化，再由順的方向，化育身體各器官，可逆齡回春。

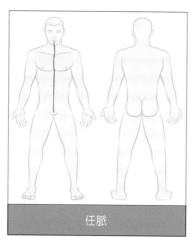

任脈

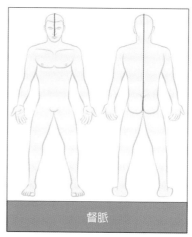

督脈

九、大易拳與十二經脈的關係

大易拳一招一式可打通十二經脈與任督二脈，並且鍛鍊十二經脈與左右交叉神經。

十二經脈在六臟（含心包絡）六腑的統攝下，各自建立經脈。經脈與臟腑有直接的關系，同時陰經與陽經之間又有一定的配對，在整個體系中占據主要位置，故又稱「正經」。這 12 條正經，6 條是分布在上肢和軀幹的，即手六經，還有 6 條是分布在下肢和軀幹的，爲足六經。人的肢體都有內、外側兩邊，而分布在內側的屬陰，分布在外側的屬陽。手六經中 3 條分布在上肢內側一邊的叫手三陰經，另 3 條分布在上肢外側叫手三陽經。同樣，在下肢內側的 3 條叫足三陰經，外側的 3 條叫足三陽經。十二經與十二臟腑是有直接關聯的，手足三陰三陽的十二經上把所聯屬的臟腑名稱加上去，就成爲如下所列的十二經脈名稱了。

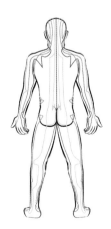

足三陽經

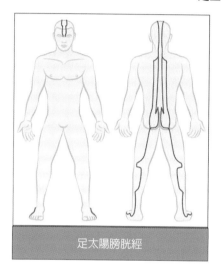

足太陽膀胱經

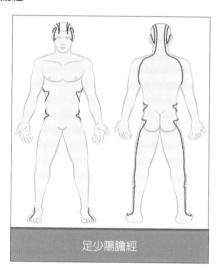

足少陽膽經

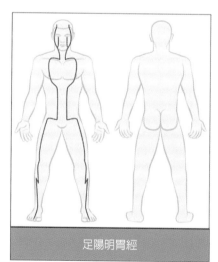

足陽明胃經

手三陽經

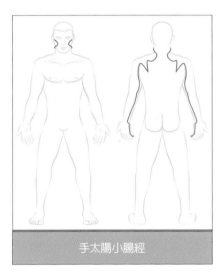

手太陽小腸經

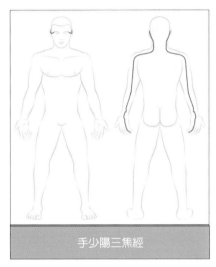

手少陽三焦經

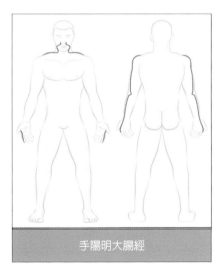

手陽明大腸經

手三陰經

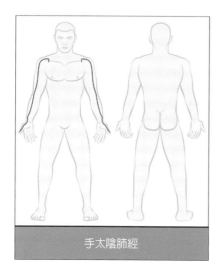

手太陰肺經

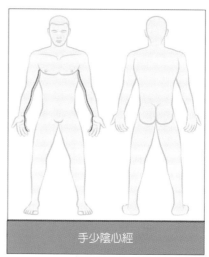

手少陰心經

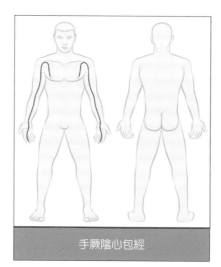

手厥陰心包經

足三陰經

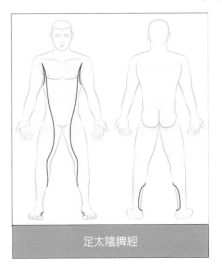

足太陰脾經

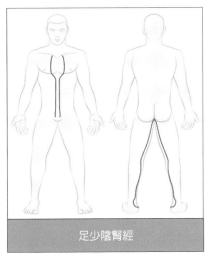

足少陰腎經

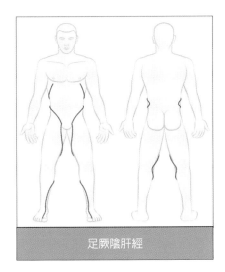

足厥陰肝經

肆、大易拳內容精要與課程規劃

一、一招四式基礎班，將全身筋骨 360 度解構放鬆

二、一招二式進階班，打通任督二脈

三、一招一式高階班：打通十二經脈與任督二脈、鍛鍊左右交叉神經

四、大易拳坐練法（腰背）：幫助不良於行的重症病患恢復活動能力

五、大易拳坐練法（腹胸）：幫助不良於行的重症病患恢復活動能力

六、大易拳臥練法：幫助無法起身的重症病患恢復起身能力

七、大易拳練氣法：幫助無法動作的重症病患促進新陳代謝

八、大易拳動作標準模組與測驗標準

九、大易拳課程規劃

一、一招四式基礎班，將全身筋骨 360 度解構放鬆

1. 一招四式圖解

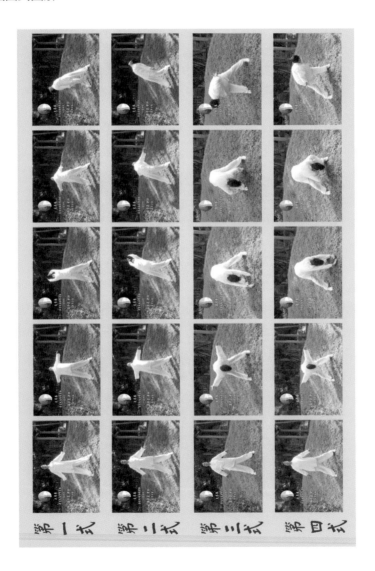

2. 一招四式總論

一招四式的第一式，先練左腳的前面，次練右腳的前面，續練左腳的後面，最後練右腳的後面。

一招四式的每一式都有 5 個小動作，第一式從左腳開始。第一個動作從腳底拉筋到膝蓋，第二個動作從腳底拉膝蓋拉到胯部，第三個動作從腳底拉膝蓋、拉胯、拉到腹部，第四個動作從腳底拉膝蓋、拉胯、拉腹、拉到胸部，第五個動作是從腳底拉膝蓋、拉胯、拉腹、拉胸、拉到頭部。

簡而言之，5 個小動作就是拉膝蓋、拉胯、拉腹部、拉胸部，乃至於拉頭部。每一個部位都有特定角度、模式與運動方式，像在拉膝蓋與拉胯部的時候，角度為正面，但是到了拉腹部或胸部的時候，角度就要轉到同一隻腳的 45 度，比如拉左腳就是左轉 45 度，拉右腳就是右轉 45 度；拉到頭部則是要轉到 90 度。

而在模式方面，拉膝蓋的模式是雙手張開距離大腿 30 度，拉胯部的模式是雙手張開距離大腿 90 度，拉腹部的模式是雙手張開距離大腿 180 度，拉到胸部的模式要回到 90 度，拉到頸部跟頭部的模式要回到 30 度或者更小的角度。

至於運動方式層面，例如拉左膝蓋時，由左腳掌慢慢分段踩下，到腳後跟時不要踩到底，再慢踩左小腿到膝蓋，此時重心仍在右腳，右腳膝蓋微彎 1 公分左右。拉左腳胯時，一樣由腳掌開始慢踩到小腿，然後再夾臀提肛，胯往前凸出身體微後仰；拉腹部時，則是夾臀提肛，身體後仰拉開，腰部再左右震動拉開，綜合其中最重要的運動方式，為慢踩腳跟與夾臀提肛，以及各部位配合模式再左右震動拉開。

3. 一招四式細部說明

⑴ 一招四式第一式：左腳第一個動作

身體重心往右移，是應用太極拳與瑜伽的重心移轉原理；慢踩左腳跟拉小腿，是應用拉筋的原理；重心往右移，左腳跟提起，這個時候是在拉左腳，重心還是維持在右邊，右邊膝蓋微彎（0.5CM 至 1CM 而已），左腳會比較好拉筋，從腳底一寸寸相對拉開到小腿，再拉到膝蓋，肌肉相對放鬆，手的模式是手掌向前張開，距離身體大概是 30 度左右，接著吐氣放鬆，重心稍微回到中線。

⑵ 一招四式第一式：左腳第二個動作

重心再往右移，左腳跟再提起，兩手拉至 90 度，慢踩左腳跟拉開小腿，拉到膝蓋之後，胯部要往前凸，身體要微微往後仰，才能拉到胯。

⑶ 一招四式第一式：左腳第三個動作

身體先左轉 45 度，是為了拉腹部，手再拉至 180 度，左腳跟再提起，慢踩左腳跟，拉開小腿、大腿，這時候要記得夾臀提肛身體往後仰，夾臀提肛是很關鍵的動作，能夠鍛鍊核心肌群，協助下半身將力量傳導到上半身，收事半功倍之效。

小叮嚀：我在練習的版本中，腹部會練 2 次，第一次是直線往後仰拉開腹部，第二次會夾臀提肛後仰，運用左右振動原理拉開腹部。一招四式是從正面慢慢轉 45 度再轉到 90 度，裡面也自動應用了旋轉的原理。

⑷ **一招四式第一式：左腳第四個動作**

身體維持原來的 45 度，兩手由 180 度放下成 90 度擴胸狀，左腳跟再提起，然後慢踩左腳跟，拉小腿，夾臀提肛身體微後仰擴胸，再夾臀提肛，左右震動模式繼續往後仰擴胸。

小叮嚀：兩手掌的手指要張開微用力，由兩手掌拉至手肘到胸部時，手掌手臂微旋轉外翻

⑸ **一招四式第一式：左腳第五個動作**

身體繼續左轉到 90 度，兩手放下至 30 度，手掌外翻，左腳跟再提起，慢踩右腳跟，拉小腿，夾臀提肛兩肩往下拉，頭往後仰，相對拉開頸部，再左右震動拉開頸部。

小叮嚀：手掌手臂微用力向下，拉開肩頸，左右震動時，固定右胸，後仰拉左胸，固定左胸，後仰拉右胸。

小祕訣：一言以蔽之，一招四式其實是在做全身的極限拉筋，從腳底拉到膝蓋，再從腳底拉到胯、腹、胸、頭等，此時身體拉開之後原則上沒有回到原位，所以會繼續把胯拉開，把腹部拉開，把胸部拉開，把頸部拉開。這其中應用到瑜伽的原理，吸氣吐氣拉開，再吸氣吐氣拉開，這中間都沒有位移返回去原來位置，所以能達到全身極限拉筋的效果，而且透過軀幹轉角度以及身體模式的變化，包括 30 度、90 度、180 度的變化，協助將全身的每一個部位從腳底開始大幅度的解構，直至頭頂。

⑹ **一招四式第二式：右腳一樣共 5 個動作**

左腳解構完之後，右腳一樣是 5 個小動作解 5 個部位，從腳底開始到膝蓋、到胯、到腹部、到胸部、到頸部、到頭頂，與左腳的動作完全對稱。

⑺ **一招四式第三式：左腳第一個動作**

第三式是練左腳前俯的後面，手張開 30 度，一樣是重心往右移，左腳跟提起，從左腳掌一寸寸拉開，再拉小腿到膝蓋。

⑻ **一招四式第三式：左腳第二個動作**

從腳底拉小腿、拉膝蓋、拉到胯，手的模式張開到 90 度，記得要做夾臀提肛縮小腹的動作前俯共三次。第一次夾臀提肛縮小腹的時候身體往前俯 45 度，第二次夾臀提肛縮小腹的時候身體往前俯 90 度，第三次夾臀提肛縮小腹的時候身體往前俯往下至極限，大概會超過 135 度，如果是先天柔軟度較佳的學員，頭部已經可以碰到膝蓋。

⑼ **一招四式第三式：左腳第三個動作**

此動作主要用以拉開後腰，拉左腳身體右轉 45 度，兩手翻掌合至耳旁到 180 度，慢踩左腳跟拉開小腿，這時一樣要注意夾臀提肛縮小腹，直線向下拉開後腰，然後第二次夾臀提肛縮小腹，左右振動拉開後腰。在練習的版本中，腰部、胸部、頭部都有分成直線拉開與振動拉開。

小叮嚀：拉後腰時兩手掌手臂要微用力拉直，感覺到拉到後腰。

⑽ **一招四式第三式：第四個動作**

此動作主要用以拉開後背，姿勢仍然維持在反方向 45 度，兩手作揹負狀，慢踩左腳跟，第一次夾臀提肛縮小腹，直線左右拉開背部，第二次夾臀提肛縮小腹，直線左右振動拉開背部。

⑾ **一招四式第三式左腳：第五個動作**

身體一樣反方向轉到 90 度（即拉左腳就是右轉），上身向前俯，右腳彎曲成弓箭步，轉到 90 度時兩肩往後拉，頭往前伸，左腳跟提起，慢踩左腳跟拉開小腿、拉開大腿，夾臀提肛縮小腹，兩肩往後拉頭往前伸，頭往後看拉開頸部，再一次夾臀提肛縮小腹，兩肩往後拉頭往前伸，左右振動頭往後看拉開頸部。

小祕訣：兩手掌張開，手掌手臂微用力拉到肩頸。

小叮嚀：一招四式第四式 - 右腳後面的 5 個動作

第四式與第三式完全對稱，練的是右腳，重心往左移，右腳跟提起，身體往左轉。

⑿ **一招四式收功**

鍛鍊完畢，身體回到原位，兩手翻掌向前，開始進行收功。吸氣，從腳底吸氣到膝蓋，再吸氣到胯部，再吸氣到腹部，再吸氣到胸部，再吸氣到頸部，再吸氣到頭部，再到頭頂，雙手配合吸氣的高度，吸到胸部的時候雙手舉起到胸部的位置，吸氣到頭頂時雙手舉起超過 180 度。吸氣直至吸到不能再吸，閉氣停留 3 秒鐘，然後吐氣，從額頭開始放鬆，順

著氣流一路往下，放鬆頸部、放鬆胸部、放鬆腹部、放鬆海底輪，接著
夾臀提肛，放鬆膝蓋、放鬆腳底，吐氣，全身放鬆。

吐氣全身放鬆之後，停留 3 秒鐘，在額頭默念「宇宙無量光、照耀啓動
激活、我的全能幹細胞」。

默念 5 次之後，再放鬆休息 3 秒鐘，即收功完成。

4. 一招四式口訣

第一式　左腳後仰全身拉筋

預備式，兩腳張開一個半肩寬，手掌向前張開 30 度。

⑴ 吸氣，重心往右移，左腳跟提起。

⑵ 吐氣，慢踩左腳跟，拉小腿，拉至膝蓋。

⑶ 吸氣，重心再往右移，左腳跟提起，手拉至 90 度。

⑷ 吐氣，慢踩左腳跟，拉小腿到胯，夾臀提肛，身體微後仰。

⑸ 身體左轉至 45 度，吸氣，左腳跟再提起，兩手向內向上合至 180 度。

⑹ 吐氣，慢踩左腳跟，拉小腿，後仰拉開腹部。

⑺ 吸氣，左腳跟再提起，兩手拉至擴胸。

⑻ 吐氣，慢踩左腳跟，拉小腿，夾臀提肛，後仰擴胸

⑼ 身體再左轉至 90 度，吸氣，左腳跟再提起，兩胸肩下拉，頭往後仰。

⑽ 吐氣，慢踩左腳跟，拉小腿，夾臀提肛，繼續後仰拉開頸部。

第二式　右腳後仰全身拉筋

預備式，兩腳張開一個半肩寬，手掌向前張開 30 度。

⑴ 吸氣，重心往左移，右腳跟提起。

⑵ 吐氣，慢踩右腳跟，拉小腿，拉至膝蓋。

⑶ 吸氣，重心再往左移，右腳跟提起，手拉至 90 度。

⑷ 吐氣，慢踩右腳跟，拉小腿到胯，夾臀提肛，身體微後仰。

⑸ 身體右轉至 45 度，吸氣，右腳跟再提起，兩手向內向上合至 180 度。

⑹ 吐氣，慢踩右腳跟，拉小腿，後仰拉開腹部。

⑺ 吸氣，右腳跟再提起，兩手拉至擴胸。

⑻ 吐氣，慢踩右腳跟，拉小腿，夾臀提肛，後仰擴胸

⑼ 身體再右轉至 90 度，吸氣，右腳跟再提起，兩胸肩下拉，頭往後仰。

⑽ 吐氣，慢踩右腳跟，拉小腿，夾臀提肛，繼續後仰拉開頸部。

第三式　左腳前俯全身拉筋

預備式，兩腳張開一個半肩寬，手掌向後。

⑴ 吸氣，重心往右移，左腳跟提起。

⑵ 吐氣，慢踩左腳跟，拉小腿，拉至膝蓋。

⑶ 吸氣，重心再往右移，左腳跟提起，手拉至 90 度。

⑷ 吐氣，慢踩左腳跟，夾臀提肛，身體向下 3 次。

⑸ 身體右轉 45 度，兩手翻掌合至耳旁，吸氣，左腳跟提起。

⑹ 吐氣，慢踩左腳跟，拉小腿，夾臀提肛縮小腹，向下拉開後腰。

⑺ 吸氣，左腳跟再提起，兩手後翻做揹負狀。

⑻ 吐氣，慢踩左腳跟，拉小腿，夾臀提肛縮小腹，拉開背部。

⑼ 身體右轉至90度，吸氣，左腳跟提起，兩肩後拉，頭往前伸。

⑽ 吐氣，慢踩左腳跟，拉小腿，夾臀提肛縮小腹，肩膀後拉，拉開頸部，再後轉。

第四式　右腳前俯全身拉筋

預備式，兩腳張開一個半肩寬，手掌向後。

⑴ 吸氣，重心往左移，右腳跟提起。

⑵ 吐氣，慢踩右腳跟，拉小腿，拉至膝蓋。

⑶ 吸氣，重心再往左移，右腳跟提起，手拉至90度。

⑷ 吐氣，慢踩右腳跟，拉小腿，身體向下3次。

⑸ 身體左轉45度，兩手翻掌合至耳旁，吸氣，右腳跟提起。

⑹ 吐氣，慢踩右腳跟，拉小腿，夾臀提肛縮小腹，向下拉開後腰。

⑺ 吸氣，右腳跟再提起，兩手後翻做揹負狀。

⑻ 吐氣，慢踩右腳跟，拉小腿，夾臀提肛縮小腹，拉開背部。

⑼ 身體左轉至90度，吸氣，右腳跟提起，兩肩後拉，頭往前伸。

⑽ 吐氣，慢踩右腳跟，拉小腿，夾臀提肛縮小腹，肩膀後拉，拉開頸部，再後轉。

二、一招二式進階班，打通任督二脈

1. 一招二式圖解

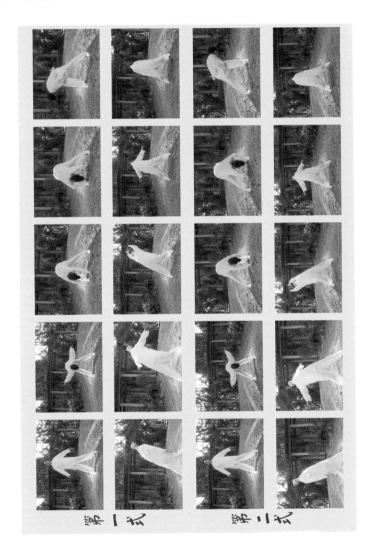

2. 一招二式總論

　　一招四式基礎上是符合太極拳、瑜伽、拉筋、先天勁的原理,而一招二式由於要解開任督二脈,遵循先打通督脈再打通任脈的原則,必須從身後開始,拉到頭頂,再從前面拉到腳底,總共是 10 個動作。但跟一招四式很大的不同在於,一招四式每作完 5 個動作,就會回到原位,而一招二式,則從後腳底拉到膝蓋,拉到後腰,拉到背部,拉到頭部;然後再從頭頂慢慢拉起再後仰,往下拉開頸部,拉開胸部,拉到腹部,拉到胯,拉到膝蓋,拉到腳底,所以一招二式是 10 個動作合起來為一式,威力比一招四式大一倍以上。

3. 一招二式細部說明

⑴ 一招二式第一式

　　一招二式左腳的前面 5 個動作,與一招四式第三式左腳的前面 5 個動作,是完全一模一樣的。當我們作完一招四式第三式的前面 5 個動作之後,身體在前面停留 3 秒鐘,直線拉開 180 度,先拉到中間,然後才拉到往後仰,同時兩手臂外翻,這時候就等於一招四式的第二式右腳的最後一個動作,因此整體而言,我們是從左腳練到頭頂,但從頭頂下來則換成右腳,頭部 90 度開始,右腳跟提起,慢踩右腳跟,拉開小腿,夾臀提肛後仰拉開頸部,再一次夾臀提肛後仰左右振動拉開頸部,等於是從一招四式的第二式第五個動作 90 度拉頸部開始作。

　　一招二式從左腳開始作完 5 個動作,第六個動作就換右腳前面的 90 度開始,拉開頸部,再身體左轉 45 度,繼續往下拉開胸部,雙手張開 90 度

擴胸，身體繼續後仰，夾臀提肛後仰拉開胸部，再夾臀提肛後仰左右振動拉開胸部。身體維持 45 度，雙手向前合至 180 度，右腳提起，吸氣吐氣，慢踩右腳跟，夾臀提肛向後仰拉開腹部，這個時候左腳的膝蓋稍彎，右腳的膝蓋比較直，但也是微彎，身體繼續往後仰直線拉開腹部，然後再一次夾臀提肛左右震盪拉開腹部。再身體回正，準備拉開胯部，雙手先張開到 90 度擴胸，右腳跟提起，再慢踩右腳跟，拉小腿，夾臀提肛後仰直線拉開胯部，再夾臀提肛左右振動，手亦可輔助，繼續拉開胯。

一招二式最後一個動作，兩手放下 30 度，右腳跟微提起，再慢踩右腳跟，拉小腿，夾臀提肛縮小腹，膝蓋往前傾，身體繼續後仰向下拉開膝蓋到腳底，再夾臀提肛，膝蓋繼續往前，身體繼續往後拉開右腳的膝蓋到腳底，至此才完成一招二式第一式的 10 個小動作。

小叮嚀：第一式完成時身體處於大幅後仰的姿勢，所以要慢慢起來，兩手往上舉至 180 度至頭頂，讓氣往上沖，此時最容易打通任督二脈，兩手翻掌再下來，讓氣更繼續往頭頂沖，幾秒鐘之後，再從頭頂讓氣往下順著頸部到胸部，再氣往下到腹部至海底輪，夾臀提肛讓氣往後面大腿膝蓋運行到腳底，全身吐氣放鬆，才算是完整做完一招二式第一式的所有動作。

⑵ 一招二式第二式

從右腳開始，由於與前式完全對稱，右腳後面 5 個動作會再接到左腳的前面的 5 個動作，共 10 個動作做完後，把氣拉到頭頂再到腳底，吐氣放

鬆，兩手翻掌向前準備收功。

⑶ **一招二式收功**

吸氣，從腳底吸氣到膝蓋，從腳底吸氣到胯部，再吸氣到腹部，再吸氣到後腰，再吸氣到胸部，再吸氣到背部，再吸氣到兩手臂的外側，再吸氣到頸部，再吸氣到頭部，再吸氣到後腦，從腳底吸氣到頭頂，雙手配合吸氣的高度，吸到胸部的時候雙手舉起到胸部的位置，吸氣到頭頂時雙手舉起到 180 度。吸氣直至吸到不能再吸，停留在頭頂閉氣 5 秒鐘，然後吐氣，從額頭開始放鬆，順著氣流一路往下，放鬆喉嚨、放鬆兩手臂內側到手掌，繼續吐氣，放鬆胸部、放鬆腹部、放鬆海底輪，接著夾臀提肛，放鬆大腿後方，放鬆膝蓋後方，放鬆腳底，吐氣，放鬆，全身放鬆 5 秒鐘。

在額頭默念「宇宙無量光、照耀啓動激活、我的全能幹細胞」。默念 5 次之後，再放鬆休息 5 秒鐘，即收功完成。

⑷ **一招二式 —— 通天接地吐納心法**

➢ 從左腳底吸氣上升到膝蓋，上升到胯、上升到後腰、上升到背部、再轉升到右手外側，上升到頸部，沿著下顎升到右邊鼻孔吸氣，通過眉心攀升到頭頂百會，再昇華至百會上方無限高。

➢ 氣從無限高往下降落到百會，下降到額頭，再沿著眉心通過左邊鼻孔呼氣，下降到喉嚨，下降到胸部，再轉降到左手內側，通過手掌內側，再往下降到腹部，再下降到海底輪。

➢ 夾臀提肛轉移到臀部右後方，下放到右大腿後方，下放到右膝蓋後方，再下放到右腳底，吐氣放鬆。

➢ 從右腳底吸氣上升到膝蓋，上升到跨、上升到後腰、上升到背部、再轉升到左手外側，上升到頸部、沿著下顎升到左邊鼻孔吸氣，通過眉心攀升到頭頂百會，再昇華至百會上方無限高。

➢ 氣從無限高往下降落到百會，下降到額頭，再沿著眉心通過右邊鼻孔呼氣，下降到喉嚨，下降到胸部，再轉降到右手內側，通過手掌內側，再往下降到腹部，再下降到海底輪。夾臀提肛轉移到臀部左後方，下放到左大腿後方，下放到左膝蓋後方，再下放到左腳底，吐氣，放鬆，全身放鬆。

◎此心法除了可配合一招二式進行練習外，平時或坐、或站、或臥時，皆可單獨進行練習，於身體健康大有裨益。

三、一招一式高階班：打通十二經脈與任督二脈、鍛鍊左右
交叉神經

1. 一招一式內容精要與圖解

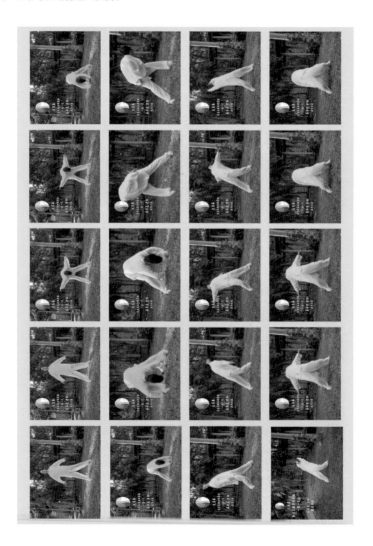

2. 一招一式總論

一招一式與一招二式看起來很像，差別在於一招一式是同樣動作左邊練完即再練右邊，左右由上而下，再左右由下而上，總共是 20 個動作，一次就做完，故而命名一招一式。

從左腳身後的膝蓋，再右腳身後的膝蓋；再左腳身後的胯，再右腳身後的胯；再左腳身後的腰部，再右腳身後的腰部；再左腳身後的背部，再右腳身後的背部；再左腳身後的頸部，再右腳身後的頸部；然後跟一招二式相同的後仰拉開 180 度。

再從左腳身前的頭部，再右腳身前的頭部；再左腳身前的胸部，再右腳身前的胸部；再左腳身前的腹部，再右腳身前的腹部；再左腳身前的胯部，再右腳身前的胯部；再左腳身前的膝蓋到腳底，再右腳身前的膝蓋到腳底。

3. 一招一式細部說明

一招一式鍛鍊到細微之處，就能夠打通十二經脈，一樣按照任督二脈的流程，但是我們從腳掌上來左右兩邊各有 3 條陽脈，很難記得是哪一隻腳趾頭對應哪一條經脈。我經過試驗跟思考之後，決定從每一隻腳趾頭都拉到膝蓋，從腳掌尾指開始，交叉神經是左腳配右手，也就是左腳尾趾頭配右手小指，再左腳的無名趾、再左腳的中趾、再左腳的食趾、再左腳的大拇趾，手一樣搭配由下面上來的時候，是手尾指開始到手大拇指，而且左腳每一隻腳趾頭都練到膝蓋，右手肘是每一隻手指頭都練到手肘。

然後每一隻腳趾頭都搭配手指頭練到胯，每一隻腳趾頭都練到後腰，接著每一隻腳趾頭都練到背部，最後每一隻腳趾頭都練到頭頂，同時手指亦交叉對應配合。

一招一式的 20 個動作，前面 10 個動作就是由下而上，每次左腳練完換練右腳：即左腳底練到膝蓋，然後右腳底練到膝蓋、左腳底練到胯部，然後右腳底練到胯部、左腳底練到後腰，然後右腳底練到後腰、左腳底練到背部，然後右腳底練到背部、左腳底練到後頸至頭頂，然後右腳底練到後頸至頭頂。

　　到頭頂之後由上往下進行 10 個動作：左腳的頸部、右腳的頸部，左腳的前胸、右腳的前胸，左腳的腹部、右腳的腹部，左腳的胯部、右腳的胯部，最後到左腳的腳底、右腳的腳底。

　　左腳從頭部拉下來到頸部的時候，是從左腳拇趾搭配右手大拇指開始，每一隻腳趾頭都拉到頸部，拉開形成 30 度。然後再拉左腳的食趾搭配右手的食指，頭部轉向 45 度，雙手擴胸拉開胸部，每一隻腳趾頭，從腳拇趾、腳食趾、腳中指、腳無名趾、腳尾趾都要拉到胸部，右手也一樣，每一隻手指頭，從拇指、食指、中指、無名指、尾指，也都要拉到胸部，以交叉神經的模式鍛鍊。

　　練完左胸練右胸，頭部左右搖擺向右轉 45 度，之後練腹部，也是左右搖擺轉向另外一邊，但注意是左腳的正面，再來右腳的正面，一樣是每隻腳趾頭都要練，從腳拇指、腳食趾、腳中指、腳無名趾、到腳尾趾，手一樣是對稱，每隻手指頭都要練，從拇指、食指、中指、無名指、到尾指。練胯的時候，雙手張開 90 度上身往後仰，儘可能地不斷往後仰。

　　一招一式最後的兩個動作是拉到膝蓋，左腳的膝蓋往前，身體夾臀提肛往後仰，並且夾臀提肛左右振動拉到膝蓋。接著右腳往後拉到膝蓋，左右振動拉開到膝蓋，這個時候最標準的動作姿勢為兩手後仰可以觸摸到地面，與一招二式不同。一招二式向後仰，雙手距離地面還有 20、30 公分。

　　一氣呵成將一招一式練完之後，收功動作與一招二式類同，身體慢慢起來，兩手平舉到 180 度，讓氣送到頭頂，然後兩手彎掌置於胸前，氣再慢慢從額頭順著頸部到胸部，兩手翻掌擴胸。與一招二式不同的是，這時身體要開始緩緩往下蹲，氣也隨之下降到腹部，最終落到海底輪，氣越是往下落，身體也要跟著蹲低。接著夾臀提肛到後面的大腿、到後面的膝蓋、到後面的腳底，吐氣放鬆，此時身體已經完全蹲下，頭部往前傾，兩手向前合併，最後由腳底帶動全身慢慢站起來，兩手掌外翻，把氣又送回頭頂慢慢下放，然後手再翻掌，重複先前氣從額頭到頸部、到胸部、到腹部、到海底輪的流向，夾臀提肛到腳底，全身放鬆至少 10 秒鐘。

　　放鬆之後默念 10 次「宇宙無量光、照耀啓動激活、我的全能幹細胞」，最後又靜默 10 秒鐘，即收功完成。

4. 大易拳快速全身筋骨放鬆運動

第一分鐘：坐著應用一招一式鬆筋拉開筋骨。

第二分鐘：坐著應用一招一式運行氣脈。

第三分鐘：坐著應用一招二式心法，通天接地循環。

第四分鐘：坐著應用收功法氣循全身。

第五分鐘：坐著應用氣歛骨髓，將注意力鎖定在頭頂 3 尺，額頭接受宇宙光能
　　　　　的照耀。

四、大易拳坐練法（腰背）：幫助不良於行的重症病患恢復 活動能力

1. 預備模式：兩手翻掌向下，兩手張開 30 度，兩腳張開大於肩寬。

   吸氣，左腳跟往後翹，吐氣，左腳腳底開始往下拉，拉小腿，拉到膝蓋，慢慢連續拉 5 次。

2. 換右腳，吸氣，右腳跟往後翹，吐氣，右腳腳底開始往下拉，拉小腿，拉到膝蓋，慢慢連續拉 5 次。

3. 預備模式：兩手拉至 90 度。

   吸氣，左腳跟往後翹，吐氣，左腳腳底開始往下拉，拉小腿，拉膝蓋，拉到胯，慢慢連續拉 5 次。

4. 換右腳，吸氣，右腳跟往後翹，吐氣，右腳腳底開始往下拉，拉小腿，拉膝蓋，拉到胯，慢慢連續拉 5 次。

5. 預備模式：坐起身，左腳伸直，右腳彎曲

   吸氣，左腳跟往後翹，吐氣，左腳腳底開始往下拉，拉小腿，拉膝蓋，拉到胯、夾臀提肛縮小腹，身體往右前方 45 度，兩手合至耳旁到 180 度，向下拉開後腰，再夾臀提肛縮小腹，左右振動向下拉開後腰，慢慢連續拉 5 次。

6. 換右腳，吸氣，右腳跟往後翹，吐氣，右腳腳底開始往下拉，拉小腿，拉膝蓋，拉到胯、夾臀提肛縮小腹，身體往左前方 45 度，兩手合至耳旁到 180 度，向下拉開後腰，再夾臀提肛縮小腹，左右振動向下拉開後腰，慢慢連續拉 5 次。

7. 預備模式：左腳伸直，右腳彎曲，身體作揹負狀。

　　吸氣，左腳跟往後翹，吐氣，左腳腳底開始往下拉，拉小腿，拉膝蓋，拉到胯、夾臀提肛縮小腹，身體往右前方 45 度，身體作揹負狀，向下拉開後背，再夾臀提肛縮小腹，左右振動向下拉開後背，慢慢連續拉 5 次。

8. 換右腳，吸氣，右腳跟往後翹，吐氣，右腳腳底開始往下拉，拉小腿，拉膝蓋，拉到胯、夾臀提肛縮小腹，身體往左前方 45 度，身體作揹負狀，向下拉開後背，再夾臀提肛縮小腹，左右振動向下拉開後背，慢慢連續拉 5 次。

9. 預備模式：左腳伸直，右腳彎曲，身體右轉到 90 度，兩肩往後拉，頭往前伸吸氣，左腳跟往後翹，吐氣，左腳腳底開始往下拉，拉小腿，拉膝蓋，拉到胯、夾臀提肛縮小腹，身體往左轉到 90 度，兩肩往後拉，頭往前伸，頭往後看，左右振動，往右拉開頸部，夾臀提肛縮小腹 5 次，往右拉開頸部，慢慢拉 5 次。

10.換右腳，吸氣，右腳跟往後翹，吐氣，右腳腳底開始往下拉，拉小腿，拉膝蓋，拉到胯、夾臀提肛縮小腹，身體往右轉到 90 度，兩肩往後拉，頭往前伸，頭往後看，左右振動，往左拉開頸部，夾臀提肛縮小腹 5 次，往左拉開頸部，慢慢拉 5 次。

五、大易拳坐練法（腹胸）：幫助不良於行的重症病患恢復 活動能力

1. 預備模式：身體平躺回原位，拿一個抱枕，置於頸部，頭部微往後仰，兩 手張開 30 度，掌心向上。

   吸氣，兩腳掌下壓，吐氣，兩腳掌向後翹，兩腳跟向前蹬，拉小腿，拉到 膝蓋，夾臀提肛，縮小腹（以上步驟後續略稱為：兩腳下壓，吸氣吐氣夾 臀提肛縮小腹），頭部向後仰，兩手掌用力向下，頭部左右轉 90 度振動， 拉開頸部，慢慢連續左右拉開 5 次。

2. 預備模式：身體平躺回原位，將抱枕移置胸部下方，頭部微往後仰，兩手 張開 90 度，掌心向上。

   兩腳下壓，吸氣吐氣夾臀提肛縮小腹，胸部向後仰，兩手掌用力往兩邊伸 展，兩胸左右振動擴胸，拉開胸部，慢慢連續左右拉開 5 次。

3. 預備模式：身體平躺回原位，將抱枕移置腰部下方，頭部微往後仰，兩手 張開 180 度，掌心翻掌向內。

   兩腳下壓，吸氣吐氣夾臀提肛縮小腹，腹部向後仰，兩手掌用力往上伸 展，腹部左右振動，拉開腹部，慢慢連續左右拉開 5 次。

4. 預備模式：身體平躺回原位，將抱枕移置臀部下方，頭部微往後仰，腹部 與胸部拱起，兩手張開 90 度，掌心向上。

   兩腳下壓，吸氣吐氣夾臀提肛縮小腹，胯部拱起，兩腳用力往下蹬，兩手 掌左右伸展平衡，胯部左右振動，拉開胯部，慢慢連續左右拉開 5 次。

5. 預備模式：身體平躺回原位，將抱枕移置膝蓋下方，頭部微往後仰，胯腹 部拱起，兩手張開 30 度，掌心向上。

   兩腳下壓，吸氣吐氣夾臀提肛縮小腹，兩手掌左右伸展平衡，膝蓋左右振 動，拉開膝蓋，慢慢連續左右拉開 5 次。

   收功可採用臥舉版加上臥躺版。

六、大易拳臥練法：幫助無法起身的重症病患恢復起身能力

1. 預備模式：兩手翻掌向下，兩手張開 30 度，兩腳張開大於肩寬。

   吸氣，兩腳跟往後翹，吐氣，兩腳底開始往下拉，拉小腿，拉到膝蓋，慢慢連續拉 5 次。

2. 預備模式：兩手拉至 90 度，兩手掌心向下。

   吸氣，兩腳跟往後翹，吐氣，兩腳底開始往下拉，拉小腿，拉膝蓋，拉到胯，夾臀提肛左右振動拉開胯，慢慢連續拉 5 次。

3. 預備模式：兩手拉至 180 度，兩手掌心翻掌向外。

   吸氣，兩腳跟往後翹，吐氣，兩腳底開始往下拉，拉小腿，拉膝蓋，拉到胯、夾臀提肛縮小腹，向下拉開後腰，再夾臀提肛縮小腹，兩手翻掌用力向上伸展，腰部左右振動向下拉開後腰，慢慢連續拉 5 次。

4. 預備模式：兩手向下拉至 90 度，兩手掌心向下外翻。

   吸氣兩腳跟往後翹，吐氣，兩腳底開始往下拉，拉小腿，拉膝蓋，拉到胯、夾臀提肛縮小腹，左右兩手掌用力拉開後背，再夾臀提肛縮小腹，兩手向左右兩側用力伸展，背部左右振動向兩側拉開後背，慢慢連續拉 5 次。

5. 預備模式：兩手向下拉至 30 度，兩手掌心向下外翻。

   吸氣，兩腳跟往後翹，吐氣，兩腳底開始往下拉，拉小腿，拉膝蓋，拉到胯、夾臀提肛縮小腹，兩手掌用力向下拉肩，帶動肩部下沉，頭部往頭頂上懸拉開，頭部左右振動接近 90 度，頭部往左擺時，右手掌同時用力向下拉，頭部往右擺時，左手掌同時用力向下拉，夾臀提肛縮小腹，左右振動拉開頸部，慢慢拉 5 次。

6. 預備模式：兩手張開 30 度，兩手掌心向上外翻。

　　吸氣，兩腳掌往下壓，吐氣，兩腳掌往後翹，兩腳跟向下蹬，拉小腿，拉膝蓋，拉到胯、夾臀提肛縮小腹，兩手掌用力向下拉肩，帶動肩部下沉，頭部往後仰，頭部左右振動接近 90 度，頭部往左擺時，右手掌心向上外翻同時用力向下拉；頭部往右擺時，左手掌心向上外翻同時用力向下拉，夾臀提肛縮小腹，左右振動拉開頸部，慢慢拉 5 次。

7. 預備模式：兩手向下拉至 90 度，兩手掌心向上外翻。

　　吸氣，兩腳掌往下壓，吐氣，兩腳掌往後翹，兩腳跟向下蹬，拉小腿，拉膝蓋，拉到胯、夾臀提肛縮小腹，左右兩手掌向上外翻用力拉開胸部，再夾臀提肛縮小腹，兩手掌向左右兩側用力伸展，胸部左右振動向兩側拉開胸部，慢慢連續拉 5 次。

8. 預備模式：兩手拉至 180 度，兩手掌心翻掌向內。

　　吸氣，兩腳掌往下壓，吐氣，兩腳掌往後翹，兩腳跟向下蹬，拉小腿，拉膝蓋，拉到胯、夾臀提肛縮小腹，左右拉開腹部，再夾臀提肛縮小腹，兩手翻掌用力向上伸展，腹部左右振動拉開，慢慢連續拉 5 次。

9. 預備模式：兩手拉至 90 度，兩手掌心向上。

　　吸氣，兩腳掌往下壓，吐氣，兩腳掌往後翹，兩腳跟向下蹬，拉小腿，拉膝蓋，拉到胯，夾臀提肛左右振動拉開胯，慢慢連續拉 5 次。

10.預備模式：兩手張開 30 度，兩手掌心向上。

　　吸氣，兩腳掌往下壓，吐氣，兩腳掌往後翹，兩腳跟向下蹬，拉小腿，拉到膝蓋，慢慢連續拉 5 次。

七、大易拳練氣法：幫助無法動作的重症病患促進新陳代謝

　　預備模式，兩手張開放到 30 度的位置，兩腳張開與肩同寬。

1. 緩緩吸氣，將氣從腳底吸到膝蓋。
2. 緩緩吸氣，將氣從腳底吸到膝蓋，吸到胯。
3. 緩緩吸氣，將氣從腳底吸到膝蓋，吸到胯，吸到後腰。
4. 緩緩吸氣，將氣從腳底吸到膝蓋，吸到胯，吸到後腰，吸到後背。
5. 緩緩吸氣，將氣從腳底吸到膝蓋，吸到胯，吸到後腰，吸到後背，吸到後頸，吸到後腦，最後氣吸到頭頂，吸氣到不能再吸為止。
6. 緩緩吐氣，放鬆額頭，放鬆喉嚨。
7. 緩緩吐氣，放鬆額頭，放鬆喉嚨，放鬆胸部，放鬆兩手臂內側到兩手掌心。
8. 緩緩吐氣，放鬆額頭，放鬆喉嚨，放鬆胸部，放鬆兩手臂內側到兩手掌心，放鬆到腹部。
9. 緩緩吐氣，放鬆額頭，放鬆喉嚨，放鬆胸部，放鬆兩手臂內側到兩手掌心，放鬆到腹部，放鬆到海底輪。
10. 緩緩吐氣，放鬆額頭，放鬆喉嚨，放鬆胸部，放鬆兩手臂內側到兩手掌心，放鬆到腹部，放鬆到海底輪，放鬆到膝蓋後方到腳底。

　　放鬆，全身放鬆。

八、大易拳動作標準模組與測驗標準

1. 大易拳正面後仰動作標準模組

膝蓋

角度：面向前面

模式：兩手張開 30 度，重心往右移，左腳跟提起。

運動方式：慢踩左腳跟，拉小腿，拉至膝蓋。

胯

角度：面向前面

模式：兩手張開 90 度，重心再往右移，左腳跟提起。

運動方式：慢踩左腳跟，拉小腿到胯，夾臀提肛，身體微後仰。

腹部

角度：身體轉向 45 度

模式：兩手張開 180 度，左腳跟再提起。

運動方式：拉小腿，後仰拉開腹部。

胸部

角度：身體轉向 45 度

模式：兩手張開 90 度，左腳跟再提起。

運動方式：兩手拉至擴胸，慢踩左腳跟，拉小腿，夾臀提肛，後仰擴胸。

頸部

角度：身體轉向 90 度

模式：兩手張開 30 度，左腳跟再提起。

運動方式：兩肩頸下拉，頭往後仰。慢踩左腳跟，拉小腿，夾臀提肛，後仰拉開頸部。

2. 大易拳背面前俯動作標準模組

膝蓋

角度：面向前面

模式：兩手翻掌向後張開 30 度，重心往右移，左腳跟提起。

運動方式：慢踩左腳跟，拉小腿，拉至膝蓋。

胯

角度：面向前面

模式：兩手張開 90 度

運動方式：重心再往右移，左腳跟提起。
慢踩左腳跟拉小腿到胯，夾臀
提肛縮小腹，身體往前俯。

腰

角度：身體反向轉 45 度

模式：兩手翻掌伸直向下合至耳旁。

運動方式：左腳跟再提起，慢踩左腳跟
拉小腿，夾臀提肛縮小腹，
向下拉開後腰。

背部

角度：身體維持 45 度

模式：兩手做揹負狀

運動方式：左腳跟再提起，兩手拉至擴
胸。慢踩左腳跟，拉小腿，
夾臀提肛縮小腹，向下拉開
背部。

頸部

角度：身體再轉至 90 度

模式：兩手臂向後，兩肩往後拉手臂伸
直，頭往前伸。

運動方式：左腳跟再提起，慢踩左腳跟，
拉小腿，拉大腿，夾臀提肛縮
小腹，兩肩往後拉，頭往前
伸，頭往後看，相對拉開頸部。

3. 大易拳測驗標準

一招四式測驗標準

熟記一招每一式的 5 個動作，角度、模式、運動方式。

一招二式測驗標準

熟記一招二式，後仰摸箱（離地 30cm）。

一招一式測驗標準

熟記一招一式，後仰摸地。

九、大易拳課程規劃

1. 大易拳基礎班體驗營──3 天 2 夜課程規劃

時程	時段	課程	備註
第一天	19:00～19:30	學員報到	
	19:30～20:30	大易拳總論	
	20:30～21:30	大易拳一招四式教學	練功前後彎腰摸地拍照 大易拳服裝登記及試穿
第二天	06:30～07:30	大易拳一招四式教學	實地練功 30 分鐘
	07:30～09:00	早餐及酵素食療體驗	依據個人體質需求體驗
	09:00～10:00	健康十法（一）	
	10:00～12:00	大易拳一招四式教學	實地練功 30 分鐘 講解說明 30 分鐘 實地練功 30 分鐘 動作指導 30 分鐘
	12:00～14:00	午餐及休息	
	14:00～16:00	酵素專業課程	
	16:00～17:30	大易拳一招四式教學	實地練功 60 分鐘 動作指導 30 分鐘
	17:30～19:00	晚餐及休息	
	19:00～22:00	健康檢測及自由活動	名額有限，排隊檢測
第三天	07:30～08:30	大易拳一招四式教學	
	08:30～09:30	早餐及酵素食療體驗	依據個人體質需求試喝
	09:30～10:30	酵素推廣分享制度介紹	
	10:30～12:00	大易拳一招四式教學	練功前後彎腰摸地拍照 大易拳服裝登記及試穿
	10:30～14:00	午餐及休息	
	14:00～15:00	大易拳基礎班考試	通過者頒發證書
	15:00～16:00	學員上台發表心得感想	
	16:00～17:00	頒發證書，學員大合照	
	17:00	圓滿結束	各學員返家後勤加練習

2. 大易拳基礎班 —— 5 週課程規劃

每週選定一天上一堂課，連續 5 週

時程	時段	課程	備註
第一週	19:00～19:30	大易拳總論	
	19:30～21:00	大易拳一招四式教學	練功前後彎腰摸地拍照 大易拳服裝登記及試穿
第二週	19:00～19:30	健康十法（一）	
	19:30～20:30	大易拳一招四式教學	練功前後彎腰摸地拍照 大易拳服裝登記及試穿
	20:30～21:00	結業測驗（補測）	上一期補測 合格者頒發結業
第三週	19:00～19:30	酵素養生食療專業課程	
	20:30～21:00	大易拳一招四式教學	練功前後彎腰摸地拍照 大易拳服裝登記及試穿
第四週	19:00～19:30	酵素推廣分享辦法介紹	
	20:30～21:00	大易拳一招四式教學	
第五週	19:00～20:00	大易拳一招四式複習	
	20:00～21:00	大易拳基礎班結業考試	需上課 3 次（含）才能考試 合格者頒發結業證書

3. 大易拳進階班體驗營──3 天 2 夜課程規劃

時程	時段	課程	備註
第一天	19:00～19:30	學員報到	
	19:30～20:30	大易拳一招二式概論	
	20:30～21:30	大易拳一招二式教學與練習	講解說明：任督二脈 實地練功
第二天	06:30～07:30	大易拳一招二式教學	實地練功
	07:30～09:00	早餐及酵素食療體驗	依據個人體質需求試喝
	09:00～10:00	健康十法（二）	
	10:00～12:00	大易拳一招二式教學	實地練功 30 分鐘 講解說明 30 分鐘 實地練功 30 分鐘 動作指導 30 分鐘
	12:00～14:00	午餐及休息	
	14:00～16:00	細胞分子課程 酵素專業課程（二）	
	16:00～17:30	大易拳一招二式教學	實地練功 60 分鐘 動作指導 30 分鐘
	17:30～19:00	晚餐及休息	
	19:00～22:00	健康檢測及自由活動	名額有限，排隊檢測
第三天	07:30～08:30	大易拳一招二式教學	
	08:30～09:30	早餐及酵素食療體驗	依據個人體質需求試喝
	09:30～10:30	酵素推廣分享辦法（二）	
	10:30～12:00	大易拳一招二式教學	實地練功 60 分鐘 動作指導 30 分鐘
	10:30～14:00	午餐及休息	
	14:00～15:00	大易拳初階班考試	通過者頒發證書
	15:00～16:00	學員上台發表心得感想	
	16:00～17:00	頒發證書，學員大合照	
	17:00	圓滿結束	各學員返家後勤加練習

4. 大易拳進階班 ── 5 週課程規劃

每週選定一天上一堂課，連續 5 週

時程	時段	課程	備註
第一週	19:00	學員報到	
	19:00～20:00	任督二脈說明	
	20:00～21:00	大易拳一招二式教學	講解說明 30 分鐘 實地練功 30 分鐘
第二週	19:00	學員報到	
	19:00～20:00	健康十法（二）	酵素體驗試吃
	20:00～21:00	大易拳一招二式教學	實地練功 30 分鐘 動作指導 30 分鐘
第三週	19:00	學員報到	
	19:00～20:00	酵素食療課程	
	20:00～21:00	大易拳一招二式教學	實地練功 30 分鐘 動作指導 30 分鐘
第四週	19:00	學員報到	
	19:00～20:00	酵素專業課程	
	20:00～21:00	大易拳一招二式教學	實地練功 30 分鐘 動作指導 30 分鐘
第五週	19:00	學員報到	
	19:00～20:00	大易拳一招二式複習	實地練功 30 分鐘 動作指導 30 分鐘
	20:00～21:00	大易拳基礎班結業考試	頒發結業證書

5. 大易拳高階班體驗營——3 天 2 夜課程規劃

吳亭邑老師，親身傳授！

時程	時段	課程	備註
第一天	19:00～19:30	學員報到	
	19:30～20:30	一招一式論述 & 十二經脈	
	20:30～21:30	大易拳一招一式教學	十二經脈 實地練功
第二天	06:30～07:30	大易拳一招一式教學	實地練功
	07:30～09:00	早餐及酵素食療體驗	依據個人體質需求試喝
	09:00～10:00	健康十法（三）	
	10:00～12:00	大易拳一招一式教學	實地練功 30 分鐘 講解說明 30 分鐘 實地練功 30 分鐘 動作指導 30 分鐘
	12:00～14:00	午餐及休息	
	14:00～16:00	靈魂與宇宙學 酵素專業（三）	
	16:00～17:30	大易拳一招一式教學	實地練功 60 分鐘 動作指導 30 分鐘
	17:30～19:00	晚餐及休息	
	19:00～22:00	健康檢測及自由活動	名額有限，排隊檢測
第三天	07:30～08:30	大易拳一招一式教學	
	08:30～09:30	早餐及休息	
	09:30～10:30	酵素推廣分享辦法（三）	
	10:30～12:00	大易拳一招一式複習	實地練功 60 分鐘 動作指導 30 分鐘
	10:30～14:00	午餐及休息	
	14:00～15:00	大易拳初階班考試	通過者頒發證書
	15:00～16:00	學員上台發表心得感想	
	16:00～17:00	頒發證書，學員大合照	
	17:00	圓滿結束	各學員返家後勤加練習

6. 大易拳高階班——5 週課程規劃

每週選定一天上一堂課，連續 5 週
吳亭邑老師，親身傳授！

時程	時段	課程	備註
第一週	19:00	學員報到	
	19:00～20:00	一招一式論述 & 十二經脈	
	20:00～21:00	大易拳一招一式教學	講解說明 30 分鐘 實地練功 30 分鐘
第二週	19:00	學員報到	
	19:00～20:00	健康十法（三）	
	20:00～21:00	大易拳一招一式教學	實地練功 30 分鐘 動作指導 30 分鐘
第三週	19:00	學員報到	
	19:00～20:00	靈魂與宇宙學 酵素專業（三）	
	20:00～21:00	大易拳一招一式教學	實地練功 30 分鐘 動作指導 30 分鐘
第四週	19:00	學員報到	
	19:00～20:00	酵素推廣分享辦法（三）	實地練功 30 分鐘 動作指導 30 分鐘
	20:00～21:00	大易拳一招一式教學	實地練功 30 分鐘 動作指導 30 分鐘
第五週	19:00	學員報到	
	19:00～20:00	大易拳一招一式複習	實地練功 30 分鐘 動作指導 30 分鐘
	20:00～21:00	大易拳基礎班結業考試	頒發結業證書

7. 大易拳僵直性脊椎炎特別班——3 天 2 夜課程規劃

吳亭邑老師，親身傳授！

時程	時段	課程	備註
第一天	19:00～19:30	學員報到	
	19:30～20:30	大易拳概論＋脊椎生理學	講解
	20:30～21:30	大易拳脊椎調整版教學	講解說明 30 分鐘 實地練功 30 分鐘
第二天	06:30～07:30	大易拳脊椎調整版教學	實地練功
	07:30～09:00	早餐及酵素食療體驗	依據個人體質需求試喝
	09:00～10:00	健康十法	
	10:00～12:00	大易拳脊椎調整版教學	實地練功 30 分鐘 講解說明 30 分鐘 實地練功 30 分鐘 動作指導 30 分鐘
	12:00～14:00	午餐及休息	
	14:00～16:00	酵素食療課程 細胞分子學課程	
	16:00～17:30	大易拳脊椎調整版教學	實地練功 60 分鐘 動作指導 30 分鐘
	17:30～19:00	晚餐及休息	
	19:00～22:00	健康檢測及自由活動	名額有限，排隊檢測
第三天	07:30～08:30	大易拳脊椎調整版教學	
	08:30～09:30	早餐及酵素食療體驗	依據個人體質需求試喝
	09:30～10:30	靈魂與宇宙學 酵素專業課程	
	10:30～12:00	大易拳脊椎調整版教學	實地練功 60 分鐘 動作指導 30 分鐘
	10:30～14:00	午餐及休息	
	14:00～15:00	酵素食療課程	
	15:00～16:00	學員上台發表心得感想	
	16:00～17:00	學員大合照	
	17:00	圓滿結束	各學員返家後勤加練習

8. 大易拳僵直性脊椎炎特別班 —— 5 週課程規劃

每週選定一天上一堂課，連續 5 週
吳亭邑老師，親身傳授！

時程	時段	課程	備註
第一週	19:00	學員報到	
	19:00～20:00	大易拳概論 + 脊椎生理學	講解
	20:00～21:00	大易拳脊椎調整版教學	講解說明 30 分鐘 實地練功 30 分鐘
第二週	19:00	學員報到	
	19:00～20:00	健康十法	
	20:00～21:00	大易拳脊椎調整版教學	實地練功 30 分鐘 動作指導 30 分鐘
第三週	19:00	學員報到	
	19:00～20:00	酵素食療課程 細胞分子學課程	
	20:00～21:00	大易拳脊椎調整版教學	實地練功 30 分鐘 動作指導 30 分鐘
第四週	19:00	學員報到	
	19:00～20:00	靈魂與宇宙學 酵素專業課程	實地練功 30 分鐘 動作指導 30 分鐘
	20:00～21:00	大易拳脊椎調整版教學	實地練功 30 分鐘 動作指導 30 分鐘
第五週	19:00	學員報到	
	19:00～20:00	大易拳脊椎調整版教學	實地練功 30 分鐘 動作指導 30 分鐘
	20:00～21:00	學員心得分享與合照	各學員返家後勤加練習

伍、大易拳臨床實驗

　　吳亭邑博士，在臺大醫院進行大易拳人體臨床實驗，獲得近 40 位醫護人員積極參與！

一、臺大醫院臨床實驗緣起

　　有榮幸在臺大醫院新竹分院進行大易拳臨床實驗，緣起於當時該院疼痛科主任龔家騏醫師，龔醫師畢業於陽明醫學院，取得中國醫藥大學碩士，為中央大學生命科學博士候選人，先後遠赴日本大學醫院、東京順天堂醫院、英國伊麗莎白女王醫院、德國聖安娜醫院、美國醫院等東西知名醫學機構深造進修，專長為麻醉手術與疼痛治療，服務經歷國泰醫院、衛生署新竹醫院、衛生署苗栗醫院、臺大醫院新竹分院、輔大醫院、健保局北區分局審核委員等，歷練豐富，醫術拔群，更難得的是非常有愛心且為人幽默，語帶春風，在新竹「IC之音」廣播電台主持「健康開門」節目，廣受好評，是一位不可多得，既有醫術又備醫德的杏林賢達。

　　由於龔主任覺得大易拳這套功法精妙有效，易於入門，很適合協助他的病患改善某種程度的病情，於是提議協助我進行臨床實驗，以造福更多罹疾受苦的族群。

尤其他的病患中有很多重症病患，長年施打止痛針以及肌肉鬆弛劑，對於減輕疼痛有一定程度的效果，但在缺乏肢體運動的前提下，肌肉不斷萎縮，想要再重新起身行動可說遙遙無期，所以龔主任希望我能開發出躺在床上也能修習的大易拳運動模式，讓重症病患可以在親人協助下自主運動，並且在經過鍛鍊之後，有機會能再依靠自己的力量起身來自主活動。

二、臥床練習的大易拳

　　基於這樣濟世救人的理念，我順利將站姿的大易拳改版成躺臥也能修習，但是初期真正傳授了幾個重症病患才發覺，左半身練完再練右半身的運動流程不適合重症病患，因為要從左腳底練到膝蓋、再從左腳底練到跨、再從左腳底練到腰、再從左腳底練到背、再從左腳底練到頭頂，一般人不覺得困難，但對於靈活度很差，甚至肌肉僵硬且萎縮的重症病患而言，這樣的程序過於困難與繁重，即使咬牙奮鬥好不容易練完左半身，當日要再進行右半身的鍛鍊已經無力為繼。如果每天只能單練一邊，與大易拳所講求的全身放鬆與左右平衡有所違背，容易造成事倍功半的障礙。

　　為了突破這個困難，我從古籍所謂「天地大太極，人身小太極」的名句中得到靈感，如果無法一次演繹一個大太極，那分成好幾個小太極也無妨。於是我重新規劃將身軀分段練習，左腳練到膝蓋之後，便進行右腳練到膝蓋，左腳練到跨之後，便進行右腳練到胯，以此類推，左右交替分段練習到頭頂，再從頭頂左右交替分段練習到腳底，大大減輕病患的體能負荷。而且任何時候力

竭中斷，都能完成幾個段落左右相濟與筋骨肌肉的鍛鍊，一個真正適合重症病患躺著鍛鍊的運動功法因此誕生；後來我也把這樣的原理應用在站立版的大易拳，將既有的一招二式提升精進，導入左右交替的運作模式演化成為一招一式。

三、臺大醫院人體臨床實驗審查

在撰寫人體臨床實驗計畫的時候，元培醫事大學醫學檢驗生物技術系的高婷玉博士加入我們的研究團隊，提供元培醫大充足的檢驗設備與資源，補足我們較為薄弱的醫檢環節，與我及龔醫師組成猶如鐵三角般的堅強團隊。但即使如此，臺大醫院的人體臨床實驗審查，仍然是經過半年多的來回修正才正式核准大易拳的臨床實驗計畫，在此我們深刻了解到臺大醫院人體實驗委員會的嚴謹態度。

通過臨床實驗審查，計畫進入籌備階段，萬事俱備，只欠一名研究助理，雖然名為研究助理，但實際上卻要掌控各種大小事務，還要具備醫學知識與檢驗技術，我很幸運招募到一名能幹的研究助理，元培醫大研究所畢業具有碩士資格的林旻慶先生。他不僅聯繫與協調學校、醫院、公司以及檢驗單位，同時各類血液檢驗與填寫健康量表時，他也都必須到場協助掌握執行情況，蒐集到的樣本與文件也要協助進行分析，常常忙到三更半夜還不能休息，所以我要在此特別感謝旻慶，並且鄭重向他致謝。

四、忙碌的實驗對象

我們鎖定的實驗對象，是在臺大醫院新竹分院工作的醫護人員，而且是在開刀房值班的醫護人員為主，可以說是最忙碌的一群醫護人員。他們責任重大，工時冗長，一進開刀房值班就沒有時間表，因為外科手術不可能說停就停，必然是手術結束才能稍微喘息，所以稍有休息的機會他們就會抓緊時間閉目養神，不難想像要讓這樣一群視休息如至寶的專業人員，挪出寶貴的休息時間練功是會有些困難的，甚至有時候一忙碌就常找不到人，也毫不奇怪。

還好龔主任有先見之明，請院內單車社團的蔡先生協助，動員稍有閒暇的醫護人員也都來了解參與大易拳臨床實驗說明會，我曉得機會難得，如果不能在首次說明會讓大家留下深刻印象，之後這個計畫要推動也就不容易了。為了展現實質效果，在實際授拳之前，我要所有人排成一列，彎腰摸地測試自己的柔軟度，並且拍照記錄，要他們自己也記住大約能摸到哪裡。而在當天練完大易拳之後，我要他們再次彎腰測試柔軟度，同樣又拍照記錄，結果參與者普遍平均每人增加 20 公分的伸展幅度，而且下班回家後，許多人察覺睡眠品質有所提升，筋骨痠痛也減輕很多，可以說佳評滿滿，不僅證實大易拳的功效，更引起了大家積極參與實驗的興趣。

順利打響頭炮，但正如前段所言，這是一群極為忙碌並且承受高壓力的專業工作者，每天最多只能挪出 20 分鐘練拳，為了貼近他們的生活圈，並且不讓他們感覺自己的休息時間有任何一分一秒被浪費掉，我直接在開刀房的會議室授課。但即便如此，初期學員們的出席率仍然不盡理想，我絞盡腦汁採取各種方法提升出席率效果都不理想，最後是應用了企管學的團隊合作及競賽理論

才大幅提升學習效率，將參與實驗的學員分組成 5 隊，讓他們透過彼此互動互助及競賽，凝聚團隊向心力相互鼓舞。3 個月過去，不僅出席率不是問題，學拳的氛圍也相當熱絡，甚至大家一起練習時，我們都可以清楚感受到強大的能量磁場共振。

五、採集科學化數據

抽血檢驗是本臨床實驗最重要的科學佐證，從計畫初期到計畫結束，每隔一個月，共要採集 4 次學員的血液樣本。檢驗分為兩部分，一部分送往元培醫事大學使用流式細胞儀測試，檢驗項目有 CD34+ 幹細胞、相關免疫細胞（T細胞、TH 細胞、B 細胞等等… ）。另一部分送醫學檢驗所，測試基礎指標與發炎指標（CRP）。除此之外，每位學員都要填寫疼痛量表（腰背疼痛、肩頸痠痛）、伸展度量表，以及生活品質量表等張量表，忠實記錄練習大易拳 1 個月、2 個月，乃至於 3 個月以來的身體變化。

整個計畫的執行時程，審查耗時半年，籌備與實際執行和統計也耗時半年，總共歷時一整年的光陰才完成，過程雖然有些艱難與問題需要克服，成果卻是甜美且豐碩，實驗結果令我十分振奮，許多數據都證實了大易拳的功效。

尤其血液中 CD34+ 幹細胞的濃度，CD34+ 幹細胞是人體血液中非常重要的一種幹細胞，有助於細胞再生達到延年益壽的效果。其中 30 個有效的學員樣本顯示，在練習大易拳 1 個月後，血液中 CD34+ 幹細胞的濃度平均能夠提升 50% 以上；在練習大易拳 2 個月後，CD34+ 幹細胞的濃度平均都能夠提升

100% 以上；在練習大易拳 3 個月後，CD34+ 幹細胞的濃度更是平均能夠提升 200% 以上；而在免疫細胞方面，T 細胞、TH 細胞以及 B 細胞也都有相對顯著的效益提升；至於 3 個健康量表，疼痛量表，關於肩頸疼痛的部分也有很大改善，活動力量表與生活品質量表的分析數據也都有表現出顯著效益。

　　整體而言，成果斐然，足以證實大易拳能夠幫助人體迅速增加幹細胞與調控免疫細胞的數量，解除疼痛，並且提升生活品質，讓我感到十分欣慰與驕傲。對於臺大醫院新竹分院全體學員更是抱持滿滿的感激之情，正所謂教學相長，在與學員互動的反饋過程中，讓我把大易拳一招四式與一招二式的口訣修改得更加精練，連帶使得教學示範錄影也更加精準有效率。

　　所有的實驗數據在臨床計畫結束後，都成為我們撰寫論文的根據，不久將會在國際醫學臨床期刊上發表，希望能有機會受到國際矚目。

臨床實驗結果

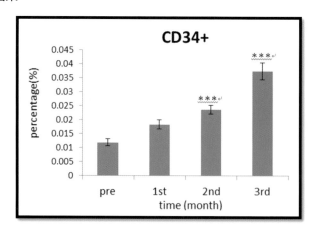

結果顯示：

修習大易拳 1 個月後，血液中 CD34＋ 幹細胞增加 50%，2 個月增加 100%，3 個月增加至 200%。

幹細胞的增加可以活化血液中細胞，進而活化全身，達到抗老化之功效。

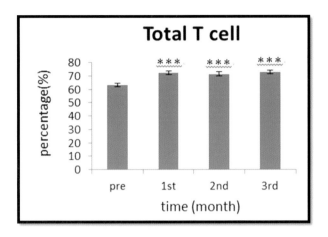

結果顯示：

修習大易拳後，血液中 T cell 與修習前有顯著的差異。

數量上升可以調節免疫細胞、增強免疫系統、消除感染源。

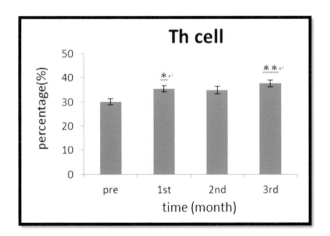

結果顯示：

修習大易拳後，血液中 Th cell 比修習前有明顯增加，其中 1 個月及 3 個月的數據有顯著差異。

數量上升可以激活其他免疫細胞、巨噬細胞，使其消滅外來病毒。

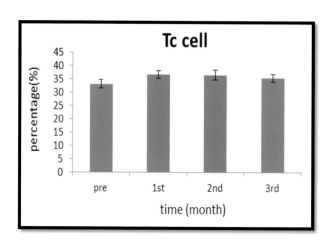

結果顯示：

修習大易拳後，血液中 Tc cell 與修習前有些許上升。
幫助抗原反應殺死外來目標細胞。

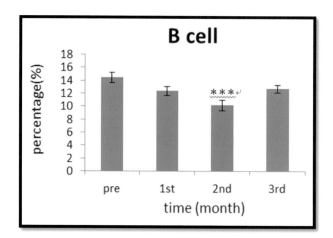

結果顯示：

因為抗原被其他免疫細胞抑制，所以 B cell 本身刺激活化下降。於第二個月後有顯著差異。

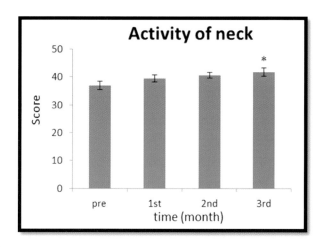

結果顯示：

修習大易拳後，可以增加頸部活動力，進而提升柔軟度、降低頸部痠痛、改善偏頭痛及睡眠品質，其中第三個月後有顯著差異。

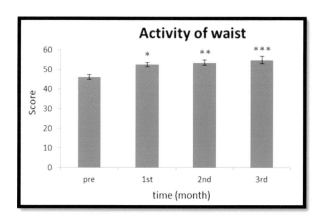

結果顯示：

修習大易拳後，可以增加腰部活動力，進而提升柔軟度、降低腰部痠痛、改善腰痠背痛及彎腰活動幅度。3 個月即有顯著差異。

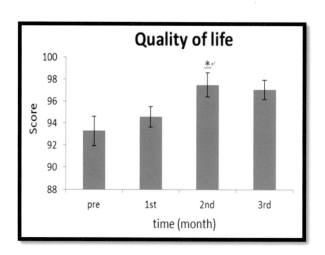

結果顯示：

修習大易拳後，想整體提升生活品質，改善爬樓梯、取重物、走路時間等等，其中第二個月後有顯著差異。

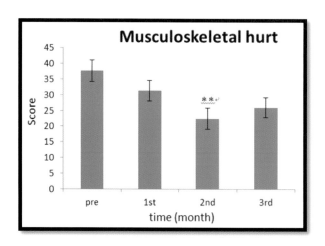

結果顯示：

修習大易拳後，整體降低肌肉骨骼疼痛，使身心自在輕鬆，其中第二個月有顯著差異。

國立臺灣大學醫學院附設醫院新竹分院
National Taiwan University Hospital Hsin-Chu Branch

No.25, Lane 442, Sec. 1, Jingguo Rd.,
Hsinchu City 30059, Taiwan (R.O.C.)
Tel: 03-5326151# 8665 ; Fax: 03-5333568
E-mail:cychen1@hch.gov.tw

30059 新竹市經國路一段 442 巷 25 號
Tel: 03-5326151# 8665 ; Fax: 03-5333568
E-mail: cychen1@hch.gov.tw

人體試驗委員會同意結案報告證明書

IRB 編號：105-047-E

計畫名稱：大易拳太極運動對肌肉痠痛及免疫的改善情形

研究機構：台大醫院新竹分院

部門/計畫主持人：麻醉部/龔家騏醫師

許可日期：106 年 09 月 04 日

主持人已依本會結案報告之規定繳交相關資料，本會於 <u>106</u> 年第 <u>06</u> 次人體試驗委員會議中核備結案。

IRB No.：105-047-E

Protocol Title：The effect of DAY EASY EXERCISE® Taichi on myofascial pain and immunity function

Research / Trial Institution：National Taiwan University Hospital Hsin-Chu Branch

Department / Principal Investigator：Department of Anesthesiology / Dr.Kung Chia Chi

Date of approval：04-Sep- 2017

The final report was approved by the Institutional Review Board (IRB) of National Taiwan University Hospital Hsin-Chu Branch in the 6th meeting in 2017.

主任委員

Hong-Jyh Yang, M.D.
Chairperson
Institution Review Board of National Taiwan
University Hospital Hsin-Chu Branch

陸、大易拳的見證與案例

一、大易拳的個案實例見證

1. 廈門好友僵直性脊椎炎，彎腰駝背不扶而直

我在廈門有一位好朋友，由於多年來罹患很嚴重的僵直性脊椎炎，大部分時間都是彎腰駝背走路，再一次會面後，我看了很不捨，所以我主動將大易拳傳授給他。1 個月後再相見時我嚇了一跳，雖然仍然稱不上已經行動順暢，但他的確能挺直腰桿，效果好到連我自己都覺得不可思議，後來深談才知道他每天認真練習兩個小時，才能創造如此奇蹟。

2. 美國自然醫學年會學員，心臟病患解除胸悶，一夜好眠

2017 年 8 月，美國自然醫學協會在拉斯維加斯舉辦世界自然醫學年會，我應邀到場展示大易拳相關研究，西方社會對於神祕的東方功夫本就十分好奇，我又是以科學視角剖析，所以現場觀眾座無虛席，反應熱烈。演說完畢他們感到意猶未盡，於是我帶領在場與會者練習一遍大易拳一招四式。

雖然只是短短 5 分鐘，卻讓參與者留下深刻感受，隔天早上一對美國夫妻特別找我致謝。在我滿頭霧水之際，他們向我解釋，丈夫是心臟病患，開刀治療已經 1 年多，留下胸悶以及難以入眠的後遺症，多方尋醫都不見改善，沒想到昨天才練了大易拳 5 分鐘，胸口就像是移除了大石頭似的，壓力一輕，呼吸十分順暢，而且直至 2 個小時後都還感覺全身充滿氣，只有豎起大拇指可以形容！更神奇的是，返家後竟然一覺睡到天亮，已經 1 年多不曾這麼好睡，所以他們非常感謝我，並且希望有機會還能繼續追隨我練功。

3. 禪修精舍，腰疾需人攙扶之師姐，立即自行走動

多年前，在一位企管博士的極力邀請下，我去到一間禪坐精舍參觀，剛好有一位身體不適的師姐在禪友的攙扶下慢慢走入道場，原來她扭傷腰好多天了，需要旁人協助才能行走。

企管博士知道我所研發的大易拳，對於筋骨肌肉方面的疼痛尤有獨到之處，問我是否能夠傳授師姐幾個動作，協助她快速痊癒。我答應，立刻帶領師姐做了幾個針對腰部的大易拳動作，我原本的想法是師姐學會後，返家練習，應該幾天就能痊癒，沒想到師姐才做幾個動作，當下就解開腰部阻塞，氣血疏通，馬上就能夠自己行走。

在場圍觀的禪友都非常驚訝，幾位出家眾更是嘖嘖稱奇，紛紛商請我能否開班授課。其中一位創辦電子公司的禪友特別熱情，對我說她公司旗下的工程師，長期姿勢偏差導致腰痠背痛很多，但又抽不出時間去做運動，大易拳簡單速效的特性可以說是工程師的救星，希望我去他們電子公司傳授。但當時大易拳還未正式對外公開，招式與口訣也尚未完整，我只能一一婉拒。

4. 文創師兄，親身撰文見證，活絡筋骨重返青春的體驗

有位從事文創產業的師兄，親身練習大易拳後體驗撰文如下：

這一年創作工作較忙，一直都是坐著工作，肩頸痠痛半年以上導致右手放背後時，手都彎不上來，只有洗澡沖熱水暫時能恢復活動能力，但洗完澡又僵硬了。昨天練完大易拳後，發現氣有流通能夠彎上來了一些，不需外力介入，有感覺到是由內而外打通僵化的關節部分，活絡了血管筋骨，覺得很神奇，越練就越有效！

還有就是冬天我本來身體容易覺得冷，但是睡覺打坐前做完一輪大易拳一招四式，循環就變很好，手就發暖了而且持續整晚，感覺比我平常的慢跑幫助身體循環系統效果更有好。我的感覺是如果跑步的話，跑完很快身體就冷了，但練習大易拳一輪能量可以持續滿久的。在大易拳練習完的時候，氣都會集中到上半身，之後回家再打坐就更方便集中了。就活用自體能量的觀點來看，大易拳這運動的確能讓精氣神調節到上面的位置，我記得這是在我小時候才有的感覺，很高興可以學到大易拳，再次找到小時候那種神清氣爽的身體狀況。

5. 牙醫師親身撰文見證，打通全身經絡溫暖發熱

陳牙醫師練習大易拳後，特別推薦撰文如下：

非常感謝昨天吳老師的愛心教學，練完大易拳後，搭客運回宜蘭的路上，就感到全身經絡相當通暢，今天早上起來仍持續有這種感覺。我以前也跟過一些老師學習瑜伽和氣功，但從未有如此神奇迅速的功效。在此也要感謝中研院教授周家復教授分享此上課訊息給我，原本的上課日期我必須在宜蘭上班，但作曲家姜建軍師兄（黃金羽翼）積極邀請我加入大易拳的練習，讓我得知新開課日期，開課日期我剛好在臺北上班，讓我非常幸運的能上大易拳的課程。再次感謝吳老師的愛心指導及兩位師兄的分享，以及現場幫忙指導的退休教授（JF 林）師兄及師姐（Jackie Sun）。

6. 臺北陳先生親身撰文見證，氣血、臟腑、筋骨肉皮，一次練到位

吳老師，太感謝您了，這個功法愈練愈覺得了不起！簡直是無價之寶。

所以每次練我都懷著感恩 師父的恩典和吳老師的愛心！哇！效果又更好。

氣洗血，血洗五臟，湯水洗六腑，汗水洗筋骨皮肉。

我上網找了各種資料、氣功的功法，運動，跟吳老師所教的功法，簡直是差了好幾個檔次。

例如：

肌肉練的很壯—主要是筋骨皮肉，練不到裡面。

瑜珈—只有練到一部份的五臟，六腑，筋骨。

氣功—練到氣、血。

只有吳老師的功法，氣、血、五臟、六腑、筋骨皮肉，一次全部練到，練的很輕鬆而且是很深層的練到裡面。

練完不會累，而且神清氣爽，我想這是因為體內的氣把深層的毒素從汗水排除，所以我會用毛巾擦乾，再把內衣換掉，如果是假日的話再沖個熱水澡，喝水約 250-300cc。

感覺不但增加幹細胞，而且體力變好，會皮膚變得更細，也變得更年輕。

非常感恩！

中秋節快樂！

二、大易拳迅速解除腰部及頸部疼痛之見證系列

1. 新店孫小姐原本脖子有一邊是腫起來的，修習大易拳後現在兩邊已經接近平了，雖然還是有小小不舒服，但是以往的肌肉拉扯感已經消失了！

2. 新竹蘇小姐本來都會腰酸背痛，還會發麻，練了大易拳後整片的痠痛、發麻都消失了。但是膝蓋以前的舊傷有局部復發，原因是本來的氣不通，練習完大易拳後氣通了，所以以前膝蓋感覺不到的不舒服感就跑出來了。

3. 臺北楊小姐因為脊椎側彎，經常腰酸背痛，尤其薦椎部分常常隱隱作痛。當天上完課後，不舒服的感覺明顯消失，到家後也還是一樣。雖然後來因為慣性的關係，會稍稍感到不適，但與之前相較起來還是有很大的改善。

4. 臺北蕭先生表示：半年前，因緣際會第一次接觸了大易拳，並有幸學習了 2 個月，就有感：體力狀況和精神面貌有很大改觀，可是後來，因故不得不停止練習，掐指一算，迄今為止，間隔也四月有餘了！近日來，由於身體健康狀況欠佳，右半邊頭部及頸椎總是疼痛，感覺有股阻塞的氣衝不上去，全身很是不舒服，剛好碰到吳老師，再次鼓勵，回來繼續學習高階的大易拳：一招一式（以前學習的是初階的一招四式和進階的一招二式），結果就在練習當晚，練了 3 次一招一式以後，右半部頭腦阻塞的氣就衝上來了，效果立竿見影！更神奇的是，接下來兩天，就算晚上十一二點才睡覺，凌晨三點就睡醒了，不僅絲毫沒有睡眠不足的狀態，還一整天都神清氣爽，精力充沛！所以就下定決心，以後會盡量堅持不懈的保持練習，雖然已花甲有餘，也還是希望能老當益壯，保持身體康健，快樂生活！

感謝吳老師，用心和大愛創造的大易拳，給我帶來了健康，感恩有您！

三、大易拳增加身體柔軟度及伸展度之見證系列

1. 臺北薛小姐表示，她這輩子從來沒有直接彎腰可以碰到地板過，第一次上完
   課居然可以摸到地了，上週回家後，每天早上起床第一件事，就是花 10 分
   鐘練習一次一招四式，一個禮拜後，昨天晚上練完後，居然可以雙掌貼地
   了。

上課前	上課後

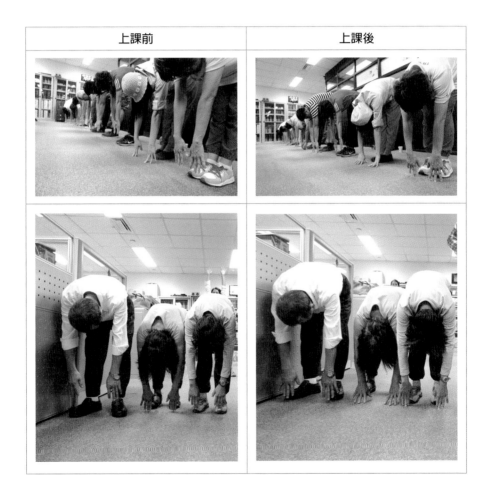

四、提升身體能量，改善生活品質之見證系列

1. 臺北林校長學習了一招二式，在家裡自行練習時，結束後有一股極大的氣往頭頂衝上去，原本是一頭白髮，現在新長的頭髮轉為黑色了！因為打通了任督二脈，激活人體幹細胞，會促進細胞再生！

2. 新竹史老闆練習大易拳搭配酵素飲用，發揮 1 加 1 大於 2 的功效。飲用水步乘後，走路時不知不覺愈走愈快。飲用木祥眠後，晚上睡覺可以一覺到天亮。飲用脈泉火後，渾身發熱。感受效果相當明顯！

3. 臺北劉小姐第一次來上課後，練習了大易拳，離開後肚子與腳底都暖暖的，感覺很舒服。

4. 林口賴總經理有在使用 3D Cell 自我檢測身體狀況，3D Cell 為核磁共振原理，檢測全身器官的能量狀態，分數為 1-6 分，1 分最好，6 分最嚴重。並且利用此機器做一些個案研究。剛好第一次上課出門前，自己有檢測一次，

上完課後，靈機一動，想說再來檢測一次。平常自我檢測時，4、5、6分的機率還是偏高，此次檢測居然2分的比例大幅增加，其進步幅度大約30-40%，全身能量有驚人的進步！

5. 臺北陳先生表示：跟鄰居聊天時，他說他幾乎每天都有運動，游泳和跑步或爬山，感覺身體很好。我一時心血來潮，也試著小跑了一下，發現速度超快並且很輕鬆，我自己很驚訝，就像武俠小說的一句形容詞「離弦之箭」的感覺。再去公園快跑一下，竟然跟當兵時跑的速度一樣，我自己都嚇到；而且我曾出過車禍，那時連走路都覺得沉重，更何況跑步，也很少運動。如今，跑步竟能有如此速度，非常高興。這都是因為吳老師的功法讓我的體能有這麼大的進步。

還有一個特別的地方，是腳跑很快時，身體的氣竟然還有剩，感覺還可以再跑快一點，感覺氣很足，腳太慢。哇！這種體力變年輕的感覺，真的是太棒了！

感謝老師將如此寶貴的功法教給我們。無限感恩！教師節快樂！

柒、大易拳健康養生十法

第一法：燦爛陽光，心情開朗

第二法：新鮮空氣，神清氣爽

第三法：能量活水，新陳代謝

第四法：高效運動，健康逆齡

第五法：健康食療，對症調理

第六法：規律節制，細胞再生

第七法：節制慾望，知足常樂

第八法：放鬆舒壓，情緒管理

第九法：深度好眠，腦部活化

第十法：靈性昇華，幸福美滿

大易拳健康觀念

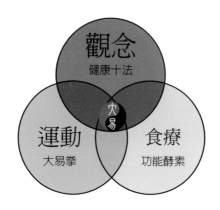

　　世界衛生組織（WHO）對於健康的定義，不僅僅只是沒有疾病和衰弱，而是一種在心理上、生理上，乃至於社交上，全都完善的良好狀態。三項健康要件其中有兩件都屬於精神性質，可知人們若想獲得健康，第一步就是要釐清正確的觀念，才能夠得到理想的成效。

　　我以大易拳圓滿與平衡的中心思想向外延伸，針對都市文明病與現代人忙碌顛倒的生活模式作分析，整理出現代人如果想要實踐健康生活，必須朝著十個大方向做努力，依序為：陽光、空氣、水、飲食，運動、規律、節制、睡眠、放鬆、靈性，並且命名為「大易拳健康養生十法」，提供大家在練功之餘，適當調整生活模式，可收事半功倍之效。

第一法：燦爛陽光，心情開朗

　　燦爛陽光是所有動植物生命來源，幫助植物進行光合作用，提供氧氣給動物呼吸，蒸發海水升空，落下雨水滋養大地。除了裨益大環境之外，陽光對於人體健康也非常重要，只是現代人生活在都市中，大多數時間不見天日，嚴重缺乏日曬，無意中錯過了陽光對人體的好處如下。早上 10 點到下午 3 點是最適合曬太陽的時段，運用上丹田的運作，將太陽光的能量透過神經元傳輸，及全身神經系統，把太陽光能量傳輸到全身。

1. 心情開朗

　　早起沐浴晨光，可促進具有甦醒作用的腦內荷爾蒙「血清素」的分泌。血清素會影響心情，更與改善焦慮症、憂鬱症有密切的關係。利用早上太陽升起 1 小時內的溫和陽光照射全身，每次直視太陽吸收能量以 3 分鐘為限。

2. 製造維生素 D

　　維生素 D 的主要來源為：陽光、食物。人體有 90% 的維生素 D 必須透過日照獲得，維生素 D 的好處有提升免疫力、亦可減少疼痛，是人體不可或缺的重要營養素。中午的太陽（10-15 點）能量最為強烈，此時照射陽光製造維生素 D 效率最高，直視太陽吸收能量以 30 秒鐘為限。

3. 有益血液循環

　　陽光裡的紫外線 A 則能讓皮膚裡釋放一氧化氮，而一氧化氮能讓血管舒

張，幫助降低血壓。陽光富含遠紅外線，可以幫助我們身體循環代謝，如果真的無法獲得充足日曬，退而求其次可以使用遠紅外線相關產品，例如遠紅外線燈、遠紅外線暖氣、遠紅外線床墊、遠紅外線衣物、遠紅外線腰帶襪子等，但還是要儘可能找時間沐浴在自然陽光下。

第二法：新鮮空氣，神清氣爽

新鮮空氣是生命的重要元素，人體中丹田可將空氣中的氮、磷、氧，如同甘斯水原理，轉換成胺基酸給人體使用，呼吸就在每一個瞬間，沒有食物，人能活幾個星期，沒有水，人可以活幾天；但沒有空氣，卻只能活幾分鐘而已，空氣對人體的重要性不可言喻。

1. 神清氣爽

利用早上太陽升起 2-3 小時內的時段，到戶外有大樹的公園呼吸新鮮空氣，氧氣有助大腦思維，大腦耗氧量占全身的 20%。戶外呼吸新鮮空氣其效果遠大於在房間內。

2. 提升免疫力

新鮮空氣對增強人體免疫系統也是必不可少的。人體免疫系統需要足夠氧氣維持正常運行。居家室內最好保持空氣流通，如果較爲潮濕地區，應利用含氧抗菌除濕機來改善空氣中的濕度及品質。

3. 幫助身體排毒

新鮮空氣能清潔肺部，有助於細胞獲得更多氧氣，改善肺部的排毒作用。身體氧氣充足，人就會感到精力充沛，做事會更好。

第三法：能量活水，新陳代謝

能量活水是促進血液循環的重要因子，人體水分占全身的 70%，如果人體缺水超過體重的 2% 就會感到口渴，每日流失水分占體重的 10%，就容易產生疾病。

1. 新陳代謝

多喝水可以促進腸胃蠕動，預防便秘，尤其是在起床後先喝一杯開水，可以刺激腸胃的蠕動，引起便意，幫助排除腸內毒素。選擇鹼性水可以平衡酸性體質，使體內快速代謝。

2. 使肌膚更明亮

身體裡的毒素會讓肌膚發炎，使毛孔堵塞進而形成痘痘，根據科學顯示，水能夠幫助皮膚抗皺外，還能排除毒素減少粉刺的生成。選擇氫氣能量活水可以快速代謝體內自由基，而且小分子水可以有效率的傳送到全身，吸收代謝更快速，使全身肌膚更水潤明亮。

3. 腎臟非常需要水分

我們的腎每天需要製造血液，同時排出廢物並將尿液運輸到膀胱。需要足夠的水分清除我們身體中的廢物。

第四法：高效運動，健康逆齡

　　高效運動是現代人最需要的條件，常常有人說沒時間做運動，以現在每個家庭每天平均看電視 3 小時來說，利用看電視的時間來做運動非常理想，應該要尋找高效能的運動模式，10 分鐘到 30 分鐘就能達到全身運動的效果。

1. 逆齡回春

　　隨著年齡的增長，人體的各項功能都會有所衰退，而堅持運動會增加肌肉量，即使年齡大了也能依然擁有好的體魄。人體的生長是先有脊椎才有五臟六腑，而有效的脊椎運動更能夠提升血液中的幹細胞數量，讓身體各系統器官再生，衰退變慢，延年益壽。

2. 防治心腦血管疾病，提升免疫力

　　腦血管疾病的發生多因血管狹窄，導致供血能力不足引起的。而運動能增加心臟的泵血量和血管輸血量，讓心臟和血管都變得有彈性。對於血液中的免疫細胞、T 細胞、B 細胞都有良好的提升。

3. 減肥塑形及脊椎調整

　　運動過程中，消耗熱量，具有減脂效果。此外大易拳養生運動能夠鍛鍊人體肌肉，增強核心肌群運作能力。同時也能夠調整脊椎，減少身體酸痛。

第五法：健康食療，對症調理

　　健康食療是現代人必修的課題，飲食以植物性食物為優先選擇，對健康較為有利，且符合節能減碳之環保原則。選擇未精製植物性食物，可以充分攝取植化素、微量營養素與膳食纖維，提升自體抗氧化能力。

1. 對症調理

　　選擇植物性飲食（素食）可以維持人體的酸鹼平衡，同時降低動物飲食的賀爾蒙、抗生素的侵害，有益於地球環境。再對症食療，針對人體寒、熱、濕等體質，選擇個人對應植物飲食，進行個體調整，可以高效率、高效益的獲得身體健康。

2. 外食是健康的殺手

　　生活忙碌，三餐靠外食解決的人也越來越多，顯然外食已經是現代社會無可避免的趨勢。雖然外食快速方便，但卻有可怕的三高——高油、高鹽、高糖，以及高溫氫化油等各種食品添加物等問題，會導致營養不均衡及膽固醇增加，並且對心血管、腎臟及腸胃造成負擔，這是現代人健康的第一殺手。

3. 烹調用油對健康第一重要

　　生食可以選擇 $\Omega 3$ 亞麻仁籽油，搭配沙拉、果汁、麵包。烹飪油應選擇原裝進口有機認證的初榨橄欖油。儘量採用油水同時入鍋，避免高溫產生致癌物質。

第六法：規律節制，細胞再生

　　規律生活是健康的開始，「日出而作，日落而息」的規律生活好處多多，精神好、體力好、情緒穩定、思慮周延。

1. 細胞再生

　　生活作息如果正常，免疫力穩定，人體細胞自動分裂再生，就能夠達到抗氧化、抗老化的效果。

2. 規律三餐

　　除了注意飲食本身的健康，規律的三餐也是不可或缺的。同時實踐「早餐吃得好、午餐吃得飽、晚餐吃得少」的原則。其他時間若很餓或嘴饞，可以吃水果或蔬菜等輕食。早餐飲用的時間為起床內 1 小時，中午則為 12-13 點，晚餐為 18-19 點為最佳。

3. 規律飲水

　　身體要健康，就從規律喝水開始，成年人一天要喝足 2000c.c，隨時補充最好，否則至少要分成 4 次喝，起床、上班、下午、晚間各喝一大杯水。

第七法：節制慾望，知足常樂

節制慾望是自我管理的要件，做人就應無慾則剛。就不會讓貪慾迷住自己的眼睛和心竅，才能夠使自己的頭腦在喧囂的塵世中，保持一分清新和寧靜。

1. 知足常樂

人生常為追求名利而迷失自己、失去純樸的心，不是努力就一定會有成果或一定能成功。如果能用一個知足的心，退而求其次，不要設定自己太多物質的條件，身心反而沒有壓力，就能夠得到一個知足常樂的心，達到輕鬆自在的境界。

2. 節制飲食

飯吃七分飽，健康活到老，現在人因為生活忙碌，用餐時間緊湊，大腦神經無法立即反應，胃已經吃下了多少東西，常常不知不覺吃下了過多的食物，等到胃感覺飽了，常常已經是過量攝取了，所以導致現代人營養過剩產生肥胖。宵夜是很多人睡前必備的行程，但是吃宵夜會使消化器官沒有休息的時間，所以建議晚餐過後不要再吃東西了。

3. 節制情慾、菸酒及玩樂

研究證實，不健康的過度情慾會破壞正常的兩性關係。另外抽菸飲酒等不良嗜好會傷害身體，同時注意不要過度使用手機等 3C 產品追劇，以減少藍光對眼睛的傷害。

第八法：放鬆舒壓，情緒管理

　　放鬆舒壓是忙碌的現代人必備的生活型態，我們永遠擔心自己做得不夠好、在乎別人對自己的評價、各種壓力從四面八方湧來，若壓力無法得到適當的因應，嚴重者會危害身體健康，所以必須保持適當的放鬆心情與舒壓活動。

1. 情緒管理

　　當外來刺激產生情緒不穩定時，我們必須轉念或轉移空間，轉念為應用正面思想扭轉情緒，改變情況。而轉換空間，則可以暫時離開現況，讓自己喘口氣，同時透過音樂或旅遊，達到更佳的效果，並能夠有力的踏出下一步。

2. 工作適時放鬆

　　當我們在工作中，感覺自己注意力不集中，也許我們應該休息了。如果我們能夠在一天 24 小時裏面，抽出一兩個小時來放鬆，它將能夠幫我們紓解壓力，進而提升工作效率與品質。放鬆的方法因人而異，選擇對自己最有效的方式，例如喝咖啡、茶道、閉目養神、看影片、逛街、運動等等。

3. 人際關係的放鬆

　　在現代快速與效率的社會中，大部分的人都有人際間的壓力，只是每人感受的程度不同而已。同時與人相處，應該真誠的關心他人，拿出同理心思考，當然適度、婉轉拒絕，才不會造成壓力，自然能夠建立良好的人際關係。

第九法：深度好眠，腦部活化

深度好眠是身心健康關鍵因素，俗話說「休息是爲了走更長遠的路」，適當的休息，可以舒緩身體、解除心靈的疲憊感。

1. 腦部活化

好好的睡一覺，可以增加注意力、讓思緒更敏捷、讓工作更有效率，原本要花 3 小時的工作，若頭腦清楚的話，可以減少一半的時間。睡覺的時候，可以完全的放鬆腦部，舒緩緊繃的神經及身體肌肉，讓我們獲得再生的力量。醫學統計顯示，大部分人至少需要睡眠 6-8 小時才足夠，占了每個人生命中很大的時間。

2. 不易發胖、身體健康

醫學統計上，睡得少容易發胖，很多人減重，都是靠節食、少吃，常常效益不明顯，可能就是因爲睡眠品質不好的緣故，因此選擇好好補眠，反而容易瘦回來。睡眠也是。

3. 穩定情緒、氣色紅潤

當情緒失控時，可以選擇放下思緒，讓自己好好的補眠，就能馬上改善失控的情況。睡覺同時可以達到補氣補血，因爲睡覺的時候，也是人體造血的時間，隔天肌膚就會變得更紅潤透亮，自然透出健康的好氣色，顯得神輕氣爽。

第十法：靈性昇華，幸福美滿

　　靈性昇華使人生更具有意義，研究指出靈性健康，對個人生命意義具有正面積極的影響，協助自己認知生命的意義與存在價值。同時在面對疾病挑戰時，能夠增進良好的調適與抵抗能力。

1. 幸福美滿

　　生命需要以信仰為依靠，進而了解宇宙的奧祕，奉行善良與美德。邁向人生理想，找尋到人生的意義，獲得個人在世間的安樂與自在，進而創造家庭的幸福與美滿。

2. 打坐

　　打坐可以促進人體血液循環，消除生活中生起的煩惱，去除累世的業力影響。每日堅持，精進不懈，小則康強身體，祛病延年，讓壓力釋放，大可使心靈自由，與宇宙頻率達到同步共振。

3. 正面思考

　　當我們真心渴望某樣東西時，整個宇宙都會聯合起來幫你完成。所以正面思考是非常重要的，不管是好事、壞事，都是自己吸引來的，這就是所謂的吸引力法則。

捌、大易拳健康養生食療

一、食療三層次

① 新鮮蔬果 直接食療　② 濃縮萃取 高效食療　③ 生物奈米 酵素食療

大易拳與食療有著密不可分而且一體兩面的關係，正如道家創始人老子在道德經中的描述：「道可道非常道，名可名非常名，同出而異名，同謂之玄。玄之又玄，眾妙之門」，道是德之體，德為道之用，所以修習大易拳也要同步開始進行食療，才能達到全面性，毫微至細胞，昇華至靈性，內外虛實皆通透的效果。

不過，不必把食療想得太過中藥味，五穀雜糧、蔬菜水果、清溪流泉都是最自然的天地精華，老祖宗所謂醫食同源，直接點破了醫藥的來源其實就是食物，差別在於作用激烈者稱之為藥物，而作用溫和者稱之為食品。

因此，第一層次的直接食療就是新鮮蔬果，取得方便，價格低廉，但缺點是要吃很多的量，日積月累長時間攝取，還要腸胃機能正常，才會稍微看到效果，如果沒辦法吃那麼多、等那麼久，又吸收不良，則要進入第二層次的高效食療，將蔬果原料濃縮萃取發酵，吃一點點就勝過吃幾公斤新鮮蔬果，但缺點是分子不夠小沒有辦法深入細胞，仍然需要等待才能發揮療效，而且不是採用黃金配方，效果難以聚焦。

第三層次的酵素食療，是新鮮蔬果濃縮萃取後，經過生物奈米化，分子最小，人體細胞吸收最快最好，而且依據黃金配方調製，針對各種症狀進行科學

化驗證，是最高階的食療。儘管費用也是最高，但物有所值，能夠立即見效，對於正為病痛所苦的人而言，我想這比什麼都重要。

　　請大家依循自己的需求選擇適合的食療，在修習大易拳的過程中能產生莫大的裨益。

二、酵素與人體健康

　　酵素是在人體內具有活性能夠分解與結合生物分子的蛋白質。骨架是氨基酸，製造酵素的設計圖則是 DNA。而我們的身體，就是由酵素發揮其功效而構成。

　　自古以來，酵素就被視為「元氣」或「生命力」。人體中任何新陳代謝變化都和酵素有關，舉凡思考、心跳、神經傳導、消化食物、建構修補組織及分解毒素功能均需酵素來催動。酵素是「生物觸媒」，可促進化學反應的速度，轉化食物營養素為人體使用，尤其在細胞複製的週期以及 DNA 複製過程中，都需要酵素催化進行。

　　酵素具有氧化還原、分解合成、新陳代謝、轉換熱能、淨化體質、基礎防護等六大作用，它是維持身體正常功能所必需的，因此，如何獲得並活用酵素，關係著我們的健康與壽命。

　　從 1907 年到 2012 年之間，有 42 屆諾貝爾獎共 92 位得主其研究內容與人體酵素相關，由此可見酵素在醫學界的重要性。2009 年 3 位科學家發現端粒酵素與抗老化的關係而獲諾貝爾獎。人老化是因為細胞每 3 到 4 個月就會分裂

再生，每次分裂再生端粒就會變短，短到一定程度，細胞就會死亡；而端粒酵素可以促進染色體尾端的端粒變長，延緩端粒變短，不僅可以抗老化，也可以調控基因保護染色體。

於體內酵素是消化、運動、思考、代謝……等等各種人體作用不可或缺的催化劑，但是隨著年齡和身體機能的衰弱和老化，體內酵素的量會逐漸減少，所以就需要從蔬果食物或蔬果酵素中補充，讓身體維持健康地運作，而經過發酵的蔬果酵素又優於蔬果食物，因為蔬果酵素是透過各種單細胞菌種裂解後，生物奈米化，發酵成細胞可直接吸收的各種營養物質。

因此，蔬果食物經發酵後可以合成為體內酵素，也可以促進體內酵素的運作，直接幫助人體的健康，我們應當根據自己的體質與需求適時補充酵素。

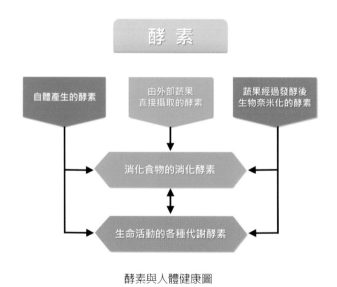

酵素與人體健康圖

三、酵素中醫五行運用

天地爲大，日月爲易，大者無窮，易者太極！

太極一氣生陰陽，陰陽化合轉五行，五行化育養萬物。

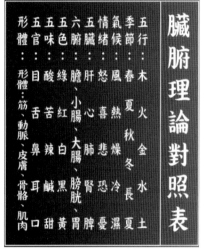

1. 太極與五行

天地大太極，人身小太極，人體就是宇宙的縮影，受到陰陽五行的影響，生剋增減，此消彼長，過衰或太旺都不是好事，唯有平衡才能夠長久。

五行就是木、火、土、金、水，五種元素，彼此間是相生相剋的關係。

簡單來說，相生關係爲：木生火（燒柴能生火），火生土（燃燒完的灰燼

就是土），土生金（金屬礦物都是埋在土裡承受千萬年的壓力才誕生），金生水（金礦都在河流附近），水生木（植物生長需要水分）；而已相剋關係為：木克土（植物發芽都必須破出泥土）、土克水（古時防洪都用土牆）、水克火（滅火必用水柱）、火克金（金屬都會被燒融）、金克木（伐木用斧頭）。

2. 中醫五臟與五行

中醫理論中，肝心脾肺腎，對應木火土金水，肝臟的性質跟植物的特性很像，用以疏導調理，所以肝屬木、心臟是人體動力來源，就像奔騰發熱的引擎，所以心屬火、脾臟是氣血化生之源，人體的容納之庫，猶如大地乘載萬物，因此脾屬土、肺臟有清宣肅降的特性，跟金屬相似，所以肺屬金；腎臟主寒涼水液，所以腎屬水。

由於內臟運行絕不脫離五行之外，因此，一個能夠促進人體健康的酵素黃金配方，必然是針對人體五行失衡與陰陽失調所開發，進而達到預防勝於治療的效果。

3. 上醫食療治未病

正如同 2500 多年前，神醫扁鵲，妙手回春，藥到病除，名滿天下，然而，他卻告訴世人，他的醫術，並不是最高明的。因為他認為，真正高明的醫術，醫在未病之時，病情未發，已除其病根，這就是預防醫學最早的開端。

醫於未病之時，就是，預防勝於治療，防患在於未然。醫食同源，古今同理，酵素黃金配方以古代智慧為基礎，今時科技為應用，上古發酵釀造之智慧，源遠流傳到今天，理其堂奧，擷其精粹，奠定酵素之基石，運用先進菌種

純化科技，將單純的發酵工序，升級爲生物奈米化工藝。酵素體現醫學同源的概念，實踐預防勝於治療的理念，以細胞分子學爲骨幹，博覽醫藥科學期刊文獻，在漢方君臣佐使的原理導引下，整合科學驗證方法，篩選出最迅速有效的酵素黃金配方。

 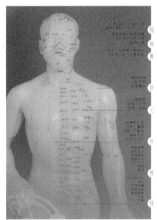

4. 中醫本草君臣佐使，西醫文獻科學驗證

　　融會道家經典，貫通易經術數，傳承中醫漢方君臣佐使的原理，訂定出科學化配方比例，進行功能性驗證，爲對症食療打下厚實基礎，再向外延伸對照中西醫期刊文獻，篩選特定原料種類，不斷進行各種獨立配方效果測試，以及複合配方加乘效果測試，最後運用能量醫學相關技術進行整合調控，針對特定功能找出最佳配方，才能生產出足以導引陰陽相濟，重建五行秩序的黃金配方酵素。

5. 愛心誠意能量磁場、菌種和諧共生發酵。

　　依據陰陽五行理論，尋找當季興旺的產地與新鮮蔬果，通過無污染無農藥的檢測，才有資格作為酵素黃金配方的食材原料。而生產酵素的重要關鍵因素「菌種」，不採用傳統發酵或者高壓置入發酵，改以深入研究菌種和諧共生的條件，輔佐愛心和誠意營造高能量磁場，調和數階段菌種的發展與演化，化解各族群菌種的對抗與衝突，達到真善愛的發酵境界，鼓動生命磁場，激發本源能量，返還青春與美麗，創領健康與喜樂，使枯木開花，令乾草萌芽。

四、酵素食療黃金配方

1. 養顏美膚酵素食療黃金配方

原料：

> 海藻膠原發酵液、植物胜　發酵液、桑椹發酵液、植物葡萄醣胺發酵液、紅棗發酵液、牛蒡發酵液、山藥發酵液、蘋果發酵液、木瓜發酵液、鳳梨發酵液、海藻發酵液、植物性植生型桿菌、雙歧桿菌、酵母菌群等。

功效及特點：

> ➢ 改善皮膚的光滑度、保濕度，彈力增加，粗糙度下降
>
> ➢ 幫助排便順暢
>
> ➢ 強化心腦血管，平衡血壓
>
> ➢ 增加皮膚含水效果，最高可達 20.3%，特別在臉頰及眼角部分有達到統計學上的顯著意義
>
> ➢ 增加皮膚光滑度，最高可達 14.9%
>
> ➢ 可以降低皮膚粗糙度，最多可降低 14%，特別在臉頰及額頭部分有達到統計學上的顯著意義
>
> ➢ 可以提升皮膚彈性，最高可達 26.2%。額頭部分有達到統計學上的顯著意義
>
> ➢ 受測人員中，其中 80% 飲用後，腸胃功能得到改善，排便順暢

2. 調整免疫酵素食療黃金配方

原料：

靈芝茸發酵液、褐藻發酵液、生機發芽糙米發酵液、黑豆發酵液、鳳梨發酵液、木瓜發酵液、桑椹發酵液、青梅發酵液、牛蒡發酵液、甜菜根發酵液等。

功效及特點：

➤ 提升細胞抗氧化能力

➤ 預防癌症

➤ 調節免疫系統，精進免疫功能

➤ 預防各種季節性流行疾病

➤ 優化淋巴系統，加速抗體生成

➤ 強化人體巨噬細胞吞噬細菌戰鬥力

➤ 本酵素富含多醣體，為靈芝茸子實體經過 3 個階段，歷程 1 年半以上時間發酵，故多醣體含量高，為一般菌絲體數 10 倍

3. 壯骨強肌酵素食療黃金配方

原料：

珊瑚草發酵液、山楂果發酵液、黑木耳發酵液、植物性葡萄糖胺發酵液（玉米萃取物）、黑棗發酵液、紅棗發酵液、杜仲發酵液、黃耆發酵液、生機發芽糙米發酵液、異麥芽寡糖、植物性乳酸菌、酵母菌等十多種益生菌發酵等。

功效及特點：

> ➢ 消除肢體痠痛
> ➢ 促進膝蓋軟骨組織生成
> ➢ 鎖住鈣質流失，預防骨質疏鬆
> ➢ 強化脊椎組織，提升骨骼強韌度
> ➢ 對於輔助各種骨折骨裂傷害復原特別有效
> ➢ 協助輕微行走障礙者逐漸不再依賴拐杖
> ➢ 山楂酵素對骨質疏鬆有幫助
> ➢ 植物性葡萄糖胺對軟骨生成有幫助

4. 好眠活腦酵素食療黃金配方

原料：

諾麗發酵液、山藥發酵液、牛蒡發酵液、梅子發酵液、木瓜發酵液、鳳梨發酵液、植物性植生型桿菌、雙歧桿菌酵母菌群等。

功效及特點：

> ➢ 3 天內改善睡眠
> ➢ 對第二型糖尿病（後天性）有調節功能
> ➢ 對用腦過多的人可活化腦部
> ➢ 使用安眠藥患者可遞減安眠藥數量、最後甚至不用
> ➢ 諾麗果含有賽洛寧，可活化松果體
> ➢ 山藥酵素可調節內分泌系統
> ➢ 鉻可安定神經，平衡血糖

> 複方有加乘效果比純諾麗酵素的效果還更好

5. 補氣固本酵素食療黃金配方

原料：

　主成分：十全發酵液（人參、黃耆、當歸、紅棗、熟地、川芎、白芍、白朮、茯苓、肉桂、甘草）、桑椹發酵液、木瓜發酵液、蘋果發酵液、鳳梨發酵液、生機發芽糙米發酵液、植物性乳酸菌、酵母菌。

　輔成分：乳酸菌、酵母菌、醋酸菌等植生型益生菌。

功效及特點：

> 對體質虛寒可快速調整體質

> 對女生經痛會有效果

> 對男性補氣補血有益，有助於增加體力

> 對女性生產後補氣補血補充體力有幫助

> 冬天手腳冰冷有顯著改善

> 市售補氣養神酒有酒精含量，本酵素無酒精含量，不產生臉紅及酒測問題

> 比玫瑰四物飲更快改善女性經痛問題

6. 保肝旺盛酵素食療黃金配方

原料：

　明日葉發酵粉、牛樟芝發酵粉、石蓮花發酵粉、靈芝茸發酵粉、桑椹發酵粉、生機小麥芽發酵粉、數十種綜合蔬果發酵粉、植物性植生型桿菌、雙

歧桿菌、酵母菌群等十多種益生菌發酵。

功效及特點：

> ➤ 增強體力減少疲勞，下午提神不打瞌睡
> ➤ 協助慢性肝炎康復
> ➤ 應酬必備，解酒專用
> ➤ 預防脂肪肝，防止肝硬化
> ➤ 應用牛樟芝固態培養，對保肝有幫助
> ➤ 明日葉有葉酸協助造血
> ➤ 維生素 B 群提振精神
> ➤ 微量元素鍺增加含氧量
> ➤ 石蓮花對 B、C 型肝炎有抑制效果

7. 明目滋眼酵素食療黃金配方

原料：

藍莓發酵粉、黑醋栗發酵粉、蔓越莓發酵粉、枸杞發酵粉、金盞草發酵粉（葉黃素）、決明子發酵粉、小麥草發酵粉、杭菊發酵粉、生機發芽糙米發酵粉、植物性乳酸菌、酵母菌等。

功效及特點：

> ➤ 視力 30 分鐘立即感受明亮
> ➤ 使用 1 個月，老花眼有機會改善一半
> ➤ 對重度近視、白內障，可減少使用眼藥水次數，甚至不需點眼藥水
> ➤ 以眼睛療效相關原料，經過酵素共生發酵技術，小分子容易吸收

- ➤ 對眼睛功效多方面，非一般生物萃取葉黃素可比擬
- ➤ 藍莓酵素可改善視力
- ➤ 黑醋栗酵素可改善末梢血管
- ➤ 枸杞酵素有助於舒緩眼壓
- ➤ 決明子酵素可治療青光眼

8. 改善過敏酵素食療黃金配方

原料：

北蟲草發酵粉、機能植生型 10 益菌、人蔘發酵粉、黑豆發酵粉、甘草發酵粉、生機黑芝麻芽發酵粉、生機木瓜發酵粉、桑椹發酵粉、生機蘋果發酵粉、數十種綜合蔬果發酵粉、植物乳酸菌、雙歧桿菌、酵母菌群等十多種益生菌發酵。

功效及特點：

- ➤ 減緩鼻塞打噴嚏等症狀
- ➤ 改善眼睛紅腫癢
- ➤ 改善氣喘症狀
- ➤ 本酵素漢方草本配方，不會有吃西藥如心悸等副作用
- ➤ 由北蟲草、黑豆萃取共生發酵，治療過敏解毒效果好

9. 熟齡更年酵素食療黃金配方

原料：

大豆萃發酵粉（異黃酮）、山藥發酵粉、青木瓜發酵粉、桑椹發酵粉、生

機發芽糙米發酵粉、亞麻仁發酵粉（木酚素）、當歸發酵粉、植物性乳酸菌、酵母菌。

功效及特點：

➢ 改善更年期症狀：潮紅潮熱、盜汗、健忘、注意力不集中、情緒消沉抑鬱、易怒、失眠、不安焦慮

➢ 緩解骨質流失所導致的腰痠背痛

➢ 山藥本身是賀爾蒙前驅物

➢ 鎂具有紓解壓力效果

➢ 青木瓜本身是植物性賀爾蒙

10. 健胃整腸酵素食療黃金配方

原料：

牛蒡發酵粉、木瓜發酵粉、南瓜發酵粉、茯苓子實體（固態培養）發酵粉、生機蕎麥發酵粉、生機發芽糙米發酵粉、生機亞麻仁芽發酵粉。

功效及特點：

➢ 有效消弭胃酸過多

➢ 有效緩解胃漲氣

➢ 有效抑止拉肚子

➢ 牛蒡發酵，綠原酸對胃黏膜有幫助

➢ 青木瓜發酵，對胃黏膜有幫助

➢ 將對幽門桿菌有抑制效果的有益菌轉換成發酵的菌去發酵

➢ 青木瓜可治胃腸道潰瘍及幫助通便

11. 活血通脈酵素食療黃金配方

原料：

紅麴發酵粉、紅景天發酵粉、山楂發酵粉、葛根發酵粉、葡萄子發酵粉、銀杏發酵粉、丹參發酵粉、三七花發酵粉、桑椹發酵粉、納豆萃取物發酵粉。

功效及特點：

➤ 調節心腦血管功能

➤ 促進循環代謝

➤ 通暢氣血阻滯

➤ 預防中風

➤ 增加血液含氧量

➤ 銀杏幫助擴張血管

➤ 紅景天可以提升血液含氧量

➤ 紅麴有像降低血壓

➤ 葡萄籽幫助血液抗氧化能力

12. 排毒減重酵素食療黃金配方

原料：

藍藻發酵粉（螺旋藻）、綠藻發酵粉、比菲德氏菌、花椰菜發酵粉、菠菜發酵粉、甘藍菜發酵粉、大白菜發酵粉、芹菜發酵粉、荷蘭芹發酵粉、蘆筍發酵粉、西洋菜發酵粉、甜菜葉發酵粉、薑發酵粉、仙人掌發酵粉、桑葉發酵粉、甘草發酵粉、肉桂發酵粉、茴香發酵粉、薄荷發酵粉、黃豆種

皮發酵粉、燕麥麩皮發酵粉、大麥苗發酵粉、小麥草發酵粉、木瓜發酵粉、純果寡糖。

功效及特點：

➢ 清除腸道累積毒素

➢ 促進腸道蠕動

➢ 改善便祕，通暢排便

➢ 促進新陳代謝

➢ 瘦身消水腫

➢ 提振精神

➢ 由 20 多種天然植物經特殊生化發酵處理

➢ 內含大量植物纖維素及稀有酵素

➢ 配合體內環保多天計畫使用效果更加

13. 燃脂瘦身酵素食療黃金配方

原料：

鳳梨發酵粉、荷葉發酵粉、牛蒡發酵粉、梅子發酵粉、藤黃果發酵粉、白高顆發酵粉、白腎豆、山楂發酵粉、辣椒發酵粉（唐辛子）、維生素 B1、維生素 B6、植物性乳酸菌、酵母菌。

功效及特點：

➢ 阻斷脂肪吸收

➢ 幫助飲食控制

➢ 自然解膩

➢ 促進新陳代謝

➢ 幫助消化

➢ 嚴選白腎豆、山楂、藤黃果萃取物與機能蔬果共生發酵

14. 全方位酵素食療黃金配方

原料：

甜菜根發酵粉、多種野菜發酵粉、紫山藥發酵粉、紫甘藷發酵粉、植物胜肽發酵粉、生機紅藻鈣發酵粉、雙歧桿菌、木寡糖、異麥芽果寡糖、寒天、亞麻仁籽發酵粉、藍藻發酵粉（螺旋藻）、大麥苗發酵粉、納豆發酵粉、大豆卵磷脂發酵粉、小麥胚芽發酵粉、啤酒酵母、牛蒡發酵粉、明日葉發酵粉、桑葉發酵粉、青花椰菜發酵粉、番茄發酵粉、苜蓿芽發酵粉、蘋果發酵粉、鳳梨發酵粉、黃耆發酵粉、人蔘發酵粉、枸杞發酵粉、當歸發酵粉、薏仁發酵粉、黃金豆發酵粉、芝麻發酵粉、穀類植物精華、生機燕麥發酵粉、南瓜果仁發酵粉。

功效及特點：

➤ 調節生理機能

➤ 全方位營養補充

➤ 增強體力

➤ 幫助消化

➤ 採用甜菜根等超過 30 種以上天然黃綠色蔬果精華

➤ 含 12 種維生素、15 種礦物質及微量元素、17 種氨基酸（包括所有必需氨基酸）

➤ 營養完整且均衡

➤ 體內環保排毒計畫最佳能量代餐

後記：大易拳與素食、環保、尊重生命

從初心而言，大易拳以追求個人身體健康與延年益壽為目的，然而，就像儒家所言，獨善其身亦須兼善天下；也如佛家所說，渡人如渡己，渡己亦渡人。廣義來說，如果要讓大易拳發揮最大效益，臻至大圓滿境界，就必須配合純素飲食與尊重生命來練習大易拳，因為要延長生命的長度，必定要護生止殺以維天和，此乃千古不移的宇宙真理。

　　如今素食風潮襲捲全球，從東方到西方，從各行各業到各社會階層，有越來越多人口加入素食族群，這是因為許多臨床研究都證明飲食與疾病有直接的關係，尤其在各種慢性病逐漸侵蝕人們健康，成為重大死亡原因的現在，動物性飲食過量生長激素，造成乳癌與子宮頸癌罹患率顯著提升，過量抗生素，造成免疫系統下降，使得癌症與慢性病大幅增加。許多人更深深體會到，肆無忌憚的大魚大肉，正是危害健康的可怕殺手，素食成為回歸健康的一帖靈藥。

　　素食不僅關乎個人的健康，更關乎地球的健康，肉類是高碳排放飲食，飼養一頭牲畜所造成的汙染相當於一輛汽車，畜牧業要耗費 12 公斤以上的穀物才能生產 1 公斤的肉品，這 12 倍的價值差距，代表著 12 倍的農地墾伐、需要 12 倍的灌溉用水與 12 倍的農藥汙染。而產生大量的溫室氣體效應，造成全球暖化不斷加溫，一個熱得喘不過來的地球，進而破壞生態物種多樣性的平衡，讓大量生物種類瀕臨滅絕，更讓地表的沙漠化繼續擴大。加上氣候變遷造成的旱災，惡性循環將使得糧食供應更加吃緊，所以選擇植物性飲食可謂是簡單易行且有效的環保之道。

　　正如同人類身體，在心理陷入負面情緒時會導致生理病變一樣，動物在極度危險的情況下，體內會產生可怕的化學反應，受屠宰時的恐懼、憤怒、哀傷、痛苦與掙扎，會使動物產生大量有毒的分泌物，人食其肉，不知不覺把這

些毒素也吃進自己體內，加重腎臟、肝臟等排毒器官的負荷，不僅傷害毒化食用者的身體組織，加速食用者的身體老化，更會讓食其肉者立即與該動物產生頻率共振及磁場交換，產生糾結交纏的因果業力。這原理就像行動電話一樣，手機如同人的身體，電話號碼（SIM 卡）如同人的靈魂，手機與靈魂的頻率傳播都是無遠弗屆，只要一接通頻率，就可以產生資訊與磁場交換，因此吃動物的肉時，會直接收到動物死亡前，負面訊息與能量。

　　當然，惻隱之心人皆有知，相信去過屠宰場的人都會冒起茹素的念頭，正因為如此，聰明的商人總是把屠宰場設在遠離市區的郊外，以高牆隔離，消毒靜音，利用人們眼不見為淨的盲點，淡化肉品其實來自於活體生命的印象，使得人們不容易把工業包裝後的肉品與殘忍屠殺動物聯想在一起。

　　是有識之友該覺醒的時候了，其實我們大都本有疑慮，只是未正視這個問題。每一個生命都有他的存在意義，每一個生命也都應該得到尊重與保護。生命的層次越高，覺悟越高，越是懂得彼此尊重與關愛，我們沒有權利剝奪動物的生命。我邀請大家一同加入素食者的行列，這不僅是尊重生命的具體表現，更是一種和諧喜樂與大自然永續共存的健康生活方式。

　　大者無窮無盡，易者萬變不移，大易拳領悟自天地至理，修習過程亦必須符合天地至理，才能將自己維持在通天接地的境界。下乘的心境難練成上乘的功夫。仁者無敵，仁者兼善天下，懷抱仁心義理立身處世，與世間萬物同悲共喜，這是修習大易拳的至高境界。當然，人非聖賢，孰能無過，此後種種譬如今日生，就從現在這一刻開始，我們可以循序漸進跨越障礙，靈性超越提升，大易拳加上素食與靈性修持就是最好的起步。勇敢跨出這一步，踏上身心靈躍升的康莊大道。

　　我永遠祝福大家，與大家共同成長，不斷超越。

附錄：大易拳在各國註冊
之商標註冊證

中華民國商標註冊證

商標註冊號數：01619703
商標權人： 吳其祐

名　　　稱：大易拳 Day Easy Exercise
圖　　　樣：

本件商標不就「Day Easy Exercise」文字主張商標權。

權利期間：　自 2014 年 1 月 1 日起 至 2023 年 12 月 31 日止
類　　　別：商標法施行細則第19條 第 041類
商品或服務名稱：〔見後頁〕

經濟部智慧財產局
局　長　王美花

中華民國103年1月1日

United States of America

United States Patent and Trademark Office

大易拳

Day Easy Exercise

Reg. No. 5,402,395

Registered Feb. 13, 2018

Int. Cl.: 41

Service Mark

Principal Register

WU TONGWU (TAIWAN INDIVIDUAL)
187 West Street
13 Xiwei Lane, Magong City
Penghu Country, TAIWAN

CLASS 41: Book publishing; Career counseling, namely, providing advice concerning education options to pursue career opportunities; Educational services in the nature of correspondence schools; Entertainment services in the nature of live visual and audio performances, namely, musical band, rock group, gymnastic, dance, and ballet performances; Entertainment services in the nature of live visual and audio performances, namely, musical, variety, news and comedy shows; Organizing and hosting of Indian-themed culinary events for cultural purposes; Physical education; Publication of electronic magazines; Videotaping; Written text editing

FIRST USE 1-10-2017; IN COMMERCE 3-15-2017

The mark consists of three Chinese characters that transliterate to "DA YI QUAN" that appear above the Latin characters "Day Easy Exercise".

No claim is made to the exclusive right to use the following apart from the mark as shown: "EXERCISE" AND THE NON-LATIN CHARACTER THAT TRANSLITERATES TO "QUAN"

The English translation of the non-Latin characters in the mark that transliterate to "DA YI QUAN" is "DA YI BOXING"; the non-Latin characters in the mark that transliterate to "da yi" have no meaning in a foreign language.

The non-Latin characters in the mark transliterate to "da yi quan".

SER. NO. 87-053,187, FILED 05-27-2016

Director of the United States
Patent and Trademark Office

Bundesrepublik Deutschland

Urkunde

über die Eintragung der
Marke Nr. 30 2016 105 862

Az.: 30 2016 105 862.5 / 41

大易拳
Day Easy Exercise

Inhaber/Inhaberin
Wu, Tung-Wu, Taipei City, Sinyi District, TW

Tag der Anmeldung:
25.06.2016

Tag der Eintragung:
19.08.2016

Die Präsidentin des Deutschen Patent- und Markenamtes

Rudioff-Schäffer

München, 20.08.2016

Den aktuellen Rechtsstand und Schutzumfang nach dem Verzeichnis der Waren und Dienstleistungen
entnehmen Sie bitte dem DPMAregister unter www.dpma.de.

第　11340972　号

商 标 注 册 证

大易拳

Day Easy Exercise

核定服务项目(第 41 类)

函授课程；体育教育；就业指导（教育或培训顾问）；安排和组织培训班；组织表演（演出）；
文字出版（广告宣传材料除外）；图书出版；在线电子书籍和杂志的出版；录像带发行；健身俱
乐部（健身和体能训练）（截止）

注　册　人　吴其祐 X120059875

注册地址　中国台湾台北市信义区信义路五段 150 巷 2 号 15 楼之 3

注册有效期限　自公元　2014 年 02 月 28 日　至　2024 年 02 月 27 日

局长签发

國家圖書館出版品預行編目資料

大易拳：最有效的養生太極脊椎運動／吳亭邑
著. －－初版.－－臺北市：書泉, 2018.11
　面；　公分
ISBN 978-986-451-148-8（平裝）
1.拳術　2.中國
528.972　　　　　　　　　　107017163

4923

大易拳：
最有效的養生太極脊椎運動

作　　者 ― 吳亭邑

發 行 人 ― 楊榮川

總 經 理 ― 楊士清

副總編輯 ― 王俐文

責任編輯 ― 金明芬

封面設計 ― 黃聖文

出 版 者 ― 書泉出版社

地　　址：106台北市大安區和平東路二段339號4樓

電　　話：(02)2705-5066　　傳　　真：(02)2706-6100

網　　址：http://www.wunan.com.tw

電子郵件：shuchuan@shuchuan.com.tw

劃撥帳號：01303853

戶　　名：書泉出版社

總 經 銷：貿騰發賣股份有限公司

電　　話：(02)8227-5988　　傳　　真：(02)8227-5989

地　　址：23586新北市中和區中正路880號14樓

網　　址：www.namode.com

法律顧問：林勝安律師事務所　林勝安律師

出版日期：2018年11月初版一刷
　　　　　2019年 2月初版二刷

定　　價：新臺幣480元